JN113743

［改訂版］

基 礎 簿 記

中村彰良 ［著］

創成社

まえがき

　簿記の基本書は数多く出版されている。簿記の基本書は，多くの場合，日本商工会議所簿記検定の３級程度のレベルを想定して書かれている。このため検定試験対策ということを意識せざるを得ない面があると思われる。しかし検定試験対策ということを意識しすぎると，簿記の最も基本的な流れを理解しにくくなるような気がしていた。もちろんさまざまな工夫がなされたものが多いが，特に各種の帳簿については，関連する取引の仕訳を解説するところで一緒に解説されていることが多い。筆者の考えでは，簿記の基本をマスターするということを主目的とするならば，各種の帳簿の書き方の重要性は高くない。このため本書では，各種の帳簿に関する解説を最後の17章にまとめている。簿記の基本をマスターするということであれば，16章まで読めば十分だと思われる。

　その他の本書の特徴と考えられるのは，練習問題を必要最小限に抑えたということである。よくいわれるように，簿記は実際に問題演習を行うことによって理解が深められるものであると思われる。ただ筆者は，同じような問題が数多くあると，やる気がなくなってしまうことがあるので問題数を抑えた。しかし簿記の基本をマスターすることを目的に厳選した問題になっている。この必要最小限の問題を確実にやるようにしてもらいたい。また本書は，検定試験対策ということをあまり意識しないようにしているが，無視しているわけでもなく，日本商工会議所簿記検定の３級程度の内容はおおよそカバーしている。ただ練習問題の問題数は検定試験対策という目的では十分とはいえないので，受験を希望される読者は，検定用の問題集で数多くの問題を解いてみるのがよいと思われる。

　簿記は，会計の学習を進める上で，その基礎として大変重要なものである。

また簿記の仕組みは大変良くできていて，先人の知恵の素晴らしさを感じられる。多くの人が簿記の基本をマスターするのに本書がお役にたてば幸いである。

　本書の出版を快く引き受けていただいた創成社の塚田尚寛社長と担当の西田徹氏には大変お世話になり，お礼を申し上げる。

平成 24 年 9 月

中村彰良

改訂版刊行にあたって

　2013 年に初版を刊行した『基礎簿記』であるが，2019 年に日商簿記検定 3 級の出題範囲が大幅に見直された。本書は必ずしも簿記検定受験用の教科書ではないが，個人商店ではなく株式会社を前提とした出題など適切と思われるところも多いので，改訂を行うこととした。改訂にあたって，検定で新たに出題されるようになった部分については概ね取り入れるようにした。一方，それより以前に検定 3 級の範囲から外された手形の裏書譲渡や有価証券や為替手形などについては，学習しておいてもよいのではないかと考え，初版の内容をそのまま残した。そうした点が本書の特徴といえるかもしれない。

　改訂にあたって，創成社の西田徹氏には大変お世話になり，お礼申し上げる。改訂版が簿記の基礎をマスターするための一助になれば幸いである。

令和 3 年 4 月

中村彰良

目　次

まえがき

改訂版刊行にあたって

第 1 章　簿記の基礎 —————————————————— 1

第1節　簿記とは……………………………………………………… 1

第2節　簿記の種類と歴史 ……………………………………… 2

第3節　簿記の基礎的前提 ……………………………………… 2

第 2 章　貸借対照表と損益計算書 ————————— 5

第1節　資産・負債・純資産（資本）と貸借対照表……… 5

第2節　収益・費用と損益計算書…………………………… 7

第3節　財産法と損益法……………………………………………10

第 3 章　取　　引 —————————————————————— 13

第1節　簿記上の取引…………………………………………………13

第2節　取引の二面性…………………………………………………14

第3節　取引要素の結合関係………………………………………16

第 4 章　勘　　定 —————————————————————— 19

第1節　勘定科目………………………………………………………19

第2節　勘定口座………………………………………………………19

第3節　勘定記入のルール…………………………………………20

第 5 章　仕訳と転記 ———————————————— 25
第 1 節　仕　　　訳 ……………………………………… 25
第 2 節　勘定口座への転記 ……………………………… 27

第 6 章　試 算 表 ———————————————————— 29
第 1 節　貸借平均の原則 ………………………………… 29
第 2 節　試算表の種類 …………………………………… 29
第 3 節　設例による試算表の作成 ……………………… 30
第 4 節　残高試算表の構造 ……………………………… 32

第 7 章　現金・預金 ———————————————————— 37
第 1 節　現　　　金 ……………………………………… 37
第 2 節　現金過不足 ……………………………………… 37
第 3 節　当座預金 ………………………………………… 39
第 4 節　当座借越 ………………………………………… 41
第 5 節　小口現金 ………………………………………… 44

第 8 章　商品売買 ———————————————————— 46
第 1 節　分 記 法 ………………………………………… 46
第 2 節　3 分 法 ………………………………………… 47
第 3 節　仕入諸掛・売上諸掛 …………………………… 48
第 4 節　返品・値引 ……………………………………… 49

第 9 章　有価証券 ———————————————————— 52
第 1 節　有価証券の購入 ………………………………… 52
第 2 節　有価証券の売却 ………………………………… 53

　　第3節　受取利息・受取配当金····················54

第 10 章　各種債権・債務 —————————— 56
　　第1節　貸付金・借入金····················56
　　第2節　売掛金と未収入金····················57
　　第3節　買掛金と未払金····················58
　　第4節　前払金・前受金····················59
　　第5節　立替金・預り金····················60
　　第6節　仮払金・仮受金····················61
　　第7節　受取商品券····················62
　　第8節　差入保証金····················63

第 11 章　固定資産 —————————— 65
　　第1節　有形固定資産の取得····················65
　　第2節　資本的支出と修繕費····················66
　　第3節　有形固定資産の売却····················67

第 12 章　手　　形 —————————— 69
　　第1節　約束手形····················69
　　第2節　為替手形····················70
　　第3節　手形の裏書・割引····················72
　　第4節　手形貸付金・手形借入金····················74
　　第5節　電子記録債権・電子記録債務····················75
　　第6節　電子記録債権の譲渡····················76

第 13 章　株式会社の純資産（資本）と税金 ── 79

　　第 1 節　株式会社の純資産（資本）･･････････････････79

　　第 2 節　租税公課勘定で処理される税金････････････80

　　第 3 節　法人税，住民税及び事業税･･････････････････81

　　第 4 節　消費税････････････････････････････････････82

第 14 章　決算整理 ────────────── 86

　　第 1 節　決算整理事項･･････････････････････････････86

　　第 2 節　売上原価の算定･･････････････････････････････86

　　第 3 節　貸し倒れの見積もり･･････････････････････88

　　第 4 節　固定資産の減価償却･･････････････････････91

　　第 5 節　有価証券の評価替え･･････････････････････94

　　第 6 節　費用・収益の見越しと繰り延べ･･････････95

　　第 7 節　貯　蔵　品･･････････････････････････････････99

　　第 8 節　棚　卸　表････････････････････････････････100

第 15 章　精　算　表 ──────────── 102

　　第 1 節　6 桁精算表･･････････････････････････････102

　　第 2 節　8 桁精算表の作成････････････････････････104

　　第 3 節　8 桁精算表記入例････････････････････････105

第 16 章　帳簿の締め切り ─────────── 109

　　第 1 節　帳簿の締め切りの流れ（英米式）････････109

　　第 2 節　試算表の作成と決算整理（設例）････････109

　　第 3 節　損益勘定への振り替え･･････････････････112

第4節　繰越利益剰余金勘定への振り替え ························· 113

第5節　元帳の締め切り ······················· 114

第6節　繰越試算表の作成 ······················· 116

第7節　損益計算書と貸借対照表の作成 ····················· 116

第17章　帳簿と伝票 ————————————— 119

第1節　帳簿の種類 ························· 119

第2節　主要簿の記帳 ························· 119

第3節　補助記入帳の記帳 ························ 121

第4節　補助元帳の記帳 ························ 124

第5節　伝　　票 ·························· 128

練習問題解答　135

索　　引　145

第1章　簿記の基礎

第1節　簿記とは

　簿記は，英語で book keeping といい，帳簿へ記入することを意味する。帳簿といえば，家計簿や小遣帳のようなものもある。帳簿へ記入することによってどのようなメリットがあるかといえば，それが財産の管理につながるということが考えられる。現金がなくなっていないかどうかは，その出し入れを記録しておかなければ，わからないであろう。また，帳簿に記録したことで，どのようなものへの支出が多いかわかれば，無駄遣いのチェックにつながる可能性もある。帳簿へ記入することのメリットは，他にもいろいろ考えられる。帳簿へ記入するだけでもメリットはあるが，簿記といった場合には，帳簿に記入するだけではなく，そのデータを計算・整理して，会計報告書にまとめていくプロセス全体をさすものと考えられる。

　簿記の手続きで作成される会計報告書では，どのようなことが明らかになるのであろうか。それは，以下の2つの内容である。

（1）企業の持っている物や権利，債務（借入金など）の現在高がわかることによって，財政状態が，明らかになる。

（2）企業が営利活動によって，どのように元手を増やしたか（または減らしたか）を計算することで，経営成績が明らかになる。

　会計報告書で明らかになる財政状態と経営成績に関する情報は，経営者にとって，経営上の問題点を分析するのに役立つと考えられる。またそれは，投資家や債権者にとっても，その企業に投資をすべきかといった意思決定に必要

な情報になると考えられる。

第2節　簿記の種類と歴史

　簿記には，さまざまな種類があるが，記帳のやり方や，簿記を利用する主体を基準に考えると，単式簿記と複式簿記，営利簿記と非営利簿記というように分類される。

　単式簿記は，企業活動全般について組織的に記録するというよりも，重要な財産などについてその出し入れを記録するような簿記のことである。それに対して複式簿記は，企業の取引を二面的に把握して，組織的に記録するような簿記のことである。本書では，複式簿記について解説する。

　営利簿記は，営利を目的とする企業で利用される簿記である。企業の業種によって，商業簿記，工業簿記などに細分されることもある。営利簿記の特徴は，利益計算をするというところにある。非営利簿記は，官庁など営利を目的としない経済主体で利用される簿記である。本書では，営利簿記（特に商業簿記）について解説する。

　複式簿記は，14世紀ごろからイタリアの商人の間で利用されるようになった。複式簿記について書かれた世界最初の文献は，イタリアの修道僧ルカ・パチョーリ（Luca Pacioli）によるものである。日本では，明治維新後，アラン・シャンド（Allan Shand）や福沢諭吉の出版した文献によって広く紹介されることになった。今日では，世界各国の多くの企業で複式簿記は利用されるようになっている。

第3節　簿記の基礎的前提

　簿記の手続きで作成される会計報告書によって，企業の財政状態と経営成績が明らかになるようにするためには，その作成プロセスで暗黙のうちに前提としているものがある。暗黙の前提にはさまざまなものがあると考えられるが，

簿記あるいは企業会計の基礎的な前提として，通常，3つのものが挙げられる。それは，会計単位を明確にすること，貨幣的に評価すること，会計期間を決めることの3つである。

（1）会計単位を明確にすること

　簿記で記録し，そのデータを計算・整理する際，どの範囲の経済活動を対象とするのか，その対象とする範囲（会計単位）を明確にしておかなければならない。特に個人企業の場合には，経営者個人の私的な経済活動と企業の経済活動が混同されがちな面もあるので，会計単位を明確にすることは重要である。

（2）貨幣的に評価すること

　簿記では，貨幣という共通尺度で記録・計算していくことになる。企業の持っている財産は，商品の重量や土地の広さなどさまざまな尺度で表すことができるが，それらをまとめた数値を計算しようとしたら，共通尺度がないと困ることになる。貨幣額は共通尺度として都合がいいものであり，貨幣額で表せないものは，簿記の記録・計算の対象とはならないことになる。

（3）会計期間を決めること

　企業の経営状態が非常に不振であるというようなことがなければ，通常，企業活動は継続して行われる。企業活動が短期間で終わるならば，終わったときに会計報告を行うことも考えられる。しかし，企業活動が継続して行われる場合には，人為的に期間を区切って会計報告を行うことが必要になる。区切られた期間を会計期間という。個人企業の会計期間は，通常，1月1日に始まり，12月31日で終わる。日本の会社の場合，4月1日から翌年の3月31日までとしていることが多い。

　このような基礎的前提は，簿記の手続きを行う際に，常に意識しなければならないというわけではないかもしれないが，簿記の理解が進めば，このような前提があることも理解できるであろう。

【練習問題】

問題1 簿記の手続きで作成される会計報告書では，どのようなことが明らかに
なるか。

問題2 複式簿記とはどのようなものか。

第2章　貸借対照表と損益計算書

第1節　資産・負債・純資産（資本）と貸借対照表

　一定の期日における，企業の資産・負債・純資産（資本）の状態を示す表のことを貸借対照表（Balance Sheet）という。大まかに言うと，資産は企業の財産で，負債は企業の借金である。したがって，この貸借対照表を見ることによって，企業にどのような財産がどのくらいあり，借金はどのくらいあるのかといったことがわかる。財産との対比で借金が非常に多いというような場合には，企業の状態はあまり良くないということもわかる。

　資産についてもう少し詳しく見ていくと，資産とは，企業の持っている財貨や債権のことである。企業はその活動に必要なさまざまな財貨や債権を持っているが，具体的に，どのようなものがあるであろうか。企業の持っている財貨としては，現金，商品，建物，土地といったものがあることは，容易に想像がつくであろう。それでは企業の持っている債権としては，どのようなものがあるであろうか。例えば，商品を売って，まだ代金を受け取っていない場合には，その代金をもらう権利（債権）があることになる。この債権を売掛金という。また，人に現金を貸した場合，返済してもらう権利（債権）があることになる。この債権を貸付金という。

＜資産の例＞
　　現金，売掛金，貸付金，商品，建物，土地など

　次に負債についてもう少し詳しく見ていくと，負債とは企業が負っている債務のことである。企業はその活動を行う上でさまざまな債務を負うことになる

が，具体的に，どのようなものがあるであろうか。企業が負っている債務としては，例えば，商品を仕入れて，その代金をまだ支払っていない場合には，その代金を支払う義務（債務）を負うことになる。この債務を買掛金という。また，人から現金を借りた場合，返済する義務（債務）を負うことになる。この債務を借入金という。

<負債の例>
　　　買掛金，借入金

　それでは，純資産（資本）とはどのようなものであろうか。純資産（資本）は，資産から負債を差し引いた金額のことである。企業の資産（財産）から負債（借金）を引いたものであるので，純資産（資本）は，企業の資本主（オーナー）の企業財産に対する持ち分と考えられる。純資産（資本）には，どのようなものがあるであろうか。企業が株式会社の場合には，さまざまな内容のものを分けて表示するが，ここでは，株主が出資した資本金と経営活動で増加してまだ分配されていない繰越利益剰余金の2つを覚えておけばよい。

<純資産（資本）の例>
　　　資本金，繰越利益剰余金

　ここで，次のような式が成立することがわかる。

　資産－負債＝純資産（資本）

　これを書きかえると

　資産＝負債＋純資産（資本）

　この2番目の式を，貸借対照表等式という。貸借対照表は，この式のように左側に資産の項目と金額を記載し，右側に負債と純資産（資本）の項目と金額を記載した表である。したがって貸借対照表では，左側の合計額と右側の合計額は一致することになる。

　また貸借対照表は，一定の期日における瞬間的状態を表したものである。例えば資産として，現金100万円と書かれていた場合，その日の営業を終えたときに100万円あったということであり，次の日に現金の出し入れがあれば，金額は変わってきてしまう。現金100万円というのは，その期日の瞬間的状態ということになる。貸借対照表は，どのような期日についても作成することは可能であるが，通常，会計期間の期末に貸借対照表は作られる。期末の貸借対照表は，具体的には，以下のようなものである。

貸借対照表

高崎商事	令和○年12月31日		（単位：円）
資　　　産	金　　　額	負債及び純資産	金　　　額
現　　　金	1,000,000	買　掛　金	1,050,000
売　掛　金	950,000	借　入　金	1,200,000
商　　　品	700,000	資　本　金	4,000,000
建　　　物	2,500,000	繰越利益剰余金	2,450,000
土　　　地	3,550,000		
	8,700,000		8,700,000

　この貸借対照表で，資本金の下に繰越利益剰余金とあるのは，期末の純資産（資本）のうち企業の経営活動によって増加しまだ分配していない金額を表している。したがってこの場合，もともと期首の純資産（資本）は，期首の資本金と繰越利益剰余金の合計額であったが，企業の経営活動によって利益分増えて，期末には合計して645万円になっていることを表している。

第2節　収益・費用と損益計算書

　一会計期間の収益，費用とその差額の当期純利益を示す表のことを損益計算書（Profit and Loss Statement）という。利益は，通常，儲けといわれているものにあたる。損益計算書を見ることによって，企業が儲かっているかどうかわかる。

　収益について見ると，企業の経営活動による純資産（資本）の増加原因を収益というとされている。少し詳しくいうと，企業の経営活動によって純資産（資本）が増加したとき，収益が発生したという。収益が発生した場合，直接的に純資産（資本）の増加というように記録してしまうと，どのようにして収益が発生したのかわからなくなってしまう。そこで，収益が発生した場合には，どのようにしてその収益が発生したのかわかるように，その原因別に収益として，いったん記録しておくことになる。収益としてはどのようなものがあるであろうか。例えば，商品を仕入れた価格よりも高い価格で売れば，通常，その差額分だけ財産が増えることになる。その増えた財産は誰のものかといえば，企業の資本主（オーナー）のものということになるので，純資産（資本）が増加し，収益が発生したことになる。このように発生した収益を商品売買益という。また，所有している土地を他人に貸してその利用料（地代）を受け取ることがある。この場合にも，通常，財産が増えることになる。その増えた財産は誰のものかといえば，企業の資本主（オーナー）のものということになるので，純資産（資本）が増加し，収益が発生したことになる。このように発生した収益を受取地代という。

＜収益の例＞
　　商品売買益，受取地代

　費用について見ると，企業の経営活動による純資産（資本）の減少原因を費用というとされている。少し詳しくいうと，企業の経営活動によって純資産（資本）が減少したとき，費用が発生したという。費用が発生した場合，直接的に純資産（資本）の減少というように記録してしまうと，どのようにして費用が発生したのかわからなくなってしまう。そこで，費用が発生した場合には，どのようにしてその費用が発生したのかわかるように，その原因別に費用として，いったん記録しておくことになる。費用としてはどのようなものがあるであろうか。例えば，従業員に給料を払った場合，通常，財産が減ることになり，その代わりに提供された労働力は，消費してなくなってしまう。この財産

が減った分をだれが負担することになるかといえば，企業の資本主（オーナー）ということになるので，純資産（資本）が減少し，費用が発生したことになる。このように発生した費用を給料という。また，他人から現金を借りて，利息を払った場合，通常，財産が減ることになり，その代わりに提供された現金を使わせてもらえるというサービスは，消費してなくなってしまう。この財産が減った分をだれが負担することになるかといえば，企業の資本主（オーナー）ということになるので，純資産（資本）が減少し，費用が発生したことになる。このように発生した費用を支払利息という。

＜費用の例＞

　　給料，支払利息

　一会計期間の収益の総額から費用の総額を差し引いた額を当期純利益という（収益よりも費用の方が多額で，マイナスになった場合は，当期純損失という）。

　収益－費用＝当期純利益（マイナスになった場合は，当期純損失）

　これを書きかえると

　費用＋当期純利益＝収益

　この2番目の式を，損益計算書等式という。損益計算書は，この式のように左側に費用の項目と金額と当期純利益の金額を記載し，右側に収益の項目と金額を記載した表である。損益計算書は，一定の期間における収益と費用の発生状況を表したものである。損益計算書は，貸借対照表とは違って，瞬間的状態を表しているわけではない。収益と費用は，前述のように，企業の経営活動による純資産（資本）の増加と減少を原因別に表したものであり，瞬間的に増加や減少が起こるわけではない。損益計算書では，期首から期末までの企業活動によって，どれだけ純資産（資本）が増加したか，あるいは減少したかを表している。損益計算書は，具体的には，以下のようなものである。なお，損益計算書上，当期純利益（または当期純損失）は赤で記入することがあるが，あまり

気にしなくてもよい。

損益計算書

高崎商事　　令和○年1月1日から　令和○年12月31日まで		（単位：円）		
費　　用	金　額	収　益	金　額	
給　　料	2,540,000	商品売買益	3,500,000	
支払利息	60,000	受取地代	550,000	
当期純利益	**1,450,000**			
	4,050,000		4,050,000	

第3節　財産法と損益法

　これまでに高崎商事の期末貸借対照表と損益計算書を例示した。期末貸借対照表に示されている純資産（資本）額（資本金と繰越利益剰余金を足したもの）は，その期間に行われた経営活動の結果として増加した当期純利益の分が含まれていると考えられるので，増加する前の金額である期首の貸借対照表に記載されている純資産（資本）額を期末の純資産（資本）額から差し引けば，当期純利益が計算できる。これを式で表せば，次のようになる。

当期純利益＝期末純資産（資本）額－期首純資産（資本）額
（マイナスになった場合は，当期純損失。また，当該会計期間に収益・費用とならない直接的な純資産（資本）の増減はないものとする）。

このように当期純利益を計算する方法を財産法という。
　一方，損益計算書では，前述のように，収益から費用を差し引いて当期純利益を計算している。もう一度書くと，次のようになる。

当期純利益＝収益－費用（マイナスになった場合は，当期純損失）

　このように当期純利益を計算する方法を損益法という。この損益法で計算した当期純利益と財産法で計算した当期純利益は，必ず一致することになる。なぜならば，当該会計期間に収益の分だけ純資産（資本）は増加していて，費用の分だけ純資産（資本）は減少しているので，純粋に純資産（資本）が増加しているのは，当期純利益分だからである（ただし，当該会計期間に収益・費用とならない直接的な純資産（資本）の増減はないものとする）。

　このように，一会計期間の損益計算書とその会計期間の期首および期末の貸借対照表との間には，当期純利益（マイナスになった場合は，当期純損失）を介して，密接な結びつきがあることがわかる。

[練習問題]

　問題1　東京商事の令和○年12月31日の資産と負債が以下のように与えられた
　　　　　場合，純資産（資本）の額はいくらになるか計算しなさい。

（単位：円）

現　金	300,000	売掛金	450,000
商　品	250,000	建　物	1,000,000
土　地	2,400,000	買掛金	400,000
借入金	800,000		

　問題2　東京商事の令和○年1月1日から　令和○年12月31日までの収益と
　　　　　費用が以下のように与えられた場合，当期純利益の額はいくらになるか
　　　　　計算しなさい。

（単位：円）

商品売買益	870,000	受取地代	130,000
給　　料	750,000	支払利息	50,000

問題3　次の表の空欄にあてはまる金額を計算しなさい。

（単位：万円）

	期　首			期　末			収益の総額	費用の総額	当期純利益
	資　産	負　債	純資産	資　産	負　債	純資産			
1	800	300		900			850	700	
2	950		350		550			600	250
3	780		480		350		670	550	
4	920				460	520	770		100
5		430		990	420			810	130

第3章 取　　引

第1節　簿記上の取引

　簿記の手続きでは，最終的には前章で取り上げた貸借対照表と損益計算書を作成していくことになる。この貸借対照表と損益計算書を作成するためには，簿記上の取引を記録し，それを整理したかたちで集計するというようなことをしなければならない。簿記上の取引とは，資産・負債・純資産（資本）を増減させるような事象をいう。例えば，家賃を支払った場合，資産が減ることになるので，これは簿記上の取引になる。簿記上の取引は，日常的に取引といっているものと重なることが多いが，重ならないものもある。例えば，建物を借りる契約をした場合，日常的には，取引をしたことになるが，その段階で現金の支払い等がなければ，これは簿記上の取引にはならない。また，建物が火災で焼失した場合，日常的には，取引をしたとはいわないが，建物という資産がなくなった（減った）のであるから，これは簿記上の取引になる。日常的な意味での取引と簿記上の取引との関係を図に表すと，以下のようになる。

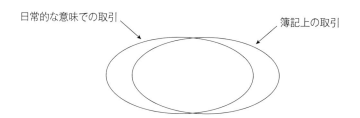

第2節　取引の二面性

　簿記上の取引は，資産・負債・純資産（資本）を増減させるような事象であるが，資産・負債・純資産（資本）が増減する場合，単独でそれが起こることはない。取引は，常に，二面的に把握することができる。前章で取り上げた貸借対照表では，貸借対照表等式すなわち資産＝負債＋純資産（資本）という式が成り立っていた。この式は純資産（資本）を資産と負債との差額とする以上成立する。

　いま簿記上の取引によって，資産が増えたとする。すると下図のようになる。

　上図のように資産が増加しただけでは，資産側が資産の増加分だけ大きくなって，貸借対照表等式が成立しなくなってしまうので，それはおかしいということになる。それでは，同時にどういうことが起きれば辻褄が合うかというと，可能性としては，負債も同額だけ増えれば，下図のようになり，貸借対照表等式が成立することになる。

　この負債が同額だけ増加するというのは，1つの可能性であって，純資産（資本）が同額だけ増加しても辻褄が合うことは確認できるであろう。図で示すと，下図のようになる。

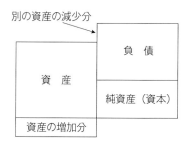

　これ以外にも，増えた資産とは別の資産が同額だけ減少するという可能性も考えられる。図で示すと，下図のようになる。

　これ以外に可能性はないであろうか。前章では貸借対照表とともに損益計算書を取り上げた。損益計算書には，収益と費用とその差額の利益が記載されている。企業の経営活動によって純資産（資本）が増加した場合，収益が発生したといい，どのようにして増加したのかわかるように，いったん収益として記載されるということであった。つまり，収益が発生した場合，純資産（資本）は増加している。前に資産が増えるとともに純資産（資本）が同額だけ増加する可能性があることを示したが，この純資産（資本）の増加が商売にかかわって（物やサービスを売るなどして）生じた場合などは，いったん収益として記録されることも考えられる。この場合には，資産が増加するとともに収益が発生し

たということになる。収益の発生として記録されたものは，最終的には貸借対照表上の純資産（資本）の増加に結びつくので，貸借対照表等式は，最終的には常に成り立っている。

　今度は，簿記上の取引によって，資産が減少したとしてみる。資産が減少しただけでは，資産側が資産の減少分だけ小さくなって，貸借対照表等式が成立しなくなってしまうので，それはおかしいということになる。それでは，同時にどういうことが起きれば辻褄が合うかというと，可能性としては，負債または純資産（資本）も同額だけ減少する，あるいは別の資産が同額だけ増加するというようなことは，前の話から容易に思いつくであろう。

　これ以外に可能性はないであろうか。損益計算書には収益とともに費用が記載される。企業の経営活動によって純資産（資本）が減少した場合，費用が発生したといい，どのようにして減少したのかわかるように，いったん費用として記載されるということであった。つまり，費用が発生した場合，純資産（資本）は減少している。先ほど資産が減少するとともに純資産（資本）が同額だけ減少する可能性があることを示したが，この純資産（資本）の減少が商売にかかわって生じた場合などは，いったん費用として記録されることも考えられる。この場合には，資産が減少するとともに費用が発生したということになる。費用の発生として記録されたものは，最終的には貸借対照表上の純資産（資本）の減少に結びつくので，貸借対照表等式は，最終的には常に成り立っている。

第3節　取引要素の結合関係

　前節で述べたように，取引は，資産が増加するとともに負債が同額だけ増加するというようなかたちで，二面的に把握することができる。前節では，資産が増加した場合と減少した場合について，それとともにどういうことが起こるのか見てみたが，他の場合（例えば，負債が増加した場合など）についても，どのような組み合わせがあり得るのか考えて，まとめてみると，以下のような取引要素の結合関係が得られる。

取引要素の結合関係

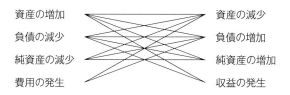

　この取引要素の結合関係の線で結ばれているようなかたちで，取引は二面的に把握される。前節の説明では，左側の取引要素1つと右側の取引要素1つというかたちで二面的に把握されるというような話に聞こえるかもしれないが，左側の取引要素と右側の取引要素は，それぞれ複数の場合もある。例えば，事務用の備品（机や椅子など）を購入し，代金のうち半分は現金で支払い，残りの半分は月末払いとした取引の場合，どのようなかたちで二面的に把握できるのであろうか。この場合，まず事務用の備品は資産であるので，それを購入したことによって，資産は増加している。また現金は資産であるので，それを支払ったことによって，資産は減少している。さらに残金を月末払いとしたことで，支払義務すなわち負債が発生しているので，負債は増加している。したがってこの取引は，以下のようなかたちで二面的に把握されていると考えることができる。

　ここでは取引要素が3つ出てきているが，右側の資産の減少と負債の増加はそれぞれ左側の資産の増加の半額であるので，左側の取引要素の合計額と右側の取引要素の合計額とは等しくなっている。左側の取引要素と右側の取引要素がそれぞれ複数であるような他の取引の場合も，貸借対照表等式が成り立っている以上，左側の取引要素の合計額と右側の取引要素合計額は，一致することになる。このようにすべての取引は，左側の取引要素と右側の取引要素の組み合わせというかたちで，二面的に把握されることになる。

[練習問題]

問題1　次のうち簿記上の取引になるものの番号を答えなさい。

（1）営業所を火災で焼失した。

（2）知人のトラックを使わせてもらった。

（3）従業員に給料￥50,000を現金で支払った。

（4）商品￥85,000を仕入れたが，代金の支払いは済んでいない。

（5）新しい事務用の備品が盗難にあった。

（6）商品￥48,000を注文した。

（7）取引先が倒産し，売掛金の回収の見込みがなくなった。

（8）倉庫を月額￥77,000で借りる契約をした。

問題2　次の取引について，どのような取引要素の結合関係になるか答えなさい。

（1）現金￥300,000を借り入れた。

（2）商品￥120,000を仕入れ，代金は掛けとした。

（3）原価￥75,000の商品を￥115,000で売り上げ，代金は掛けとした。

（4）売掛金￥115,000を現金で回収した。

（5）借入金の利息￥3,000を現金で支払った。

第**4**章 勘　　定

第1節　勘定科目

　簿記上の取引は，取引要素の結合関係のようなかたちで把握できることを見てきた。取引要素の結合関係の一番上には，資産の増加—資産の減少という関係があるが，これを資産が増加して資産が減少したと記録しても意味はない。それは，資産という大きな区分では，増加したのと同じだけ減少しているので，資産全体の金額には変化がないからである。しかし資産といっても内容はいろいろあるわけであるので，現金とか商品とかいったもっと細かい区分単位で，それがいくら増加したあるいはいくら減少したというように記録しておく必要がある。いまは資産についてだけ述べたが，負債，純資産（資本），収益，費用についても，もっと細かい区分単位で記録することになる。このような簿記上の区分単位を勘定（account）という。各勘定の名称を勘定科目という。現金や商品は，資産の勘定科目の例になる。どのような取引のときにどのような勘定科目を用いるかは，簿記の学習上覚える必要がある。ただ，表を見ながら勘定科目すべてを覚えるというようなことは必要ない。さまざまな取引を学ぶ過程で，そのつど覚えていけばよい。

第2節　勘定口座

　簿記では取引があった場合，勘定科目ごとに増加した，あるいは減少したというような記録をして，計算をすることになるが，その記録，計算を行うところを勘定口座という。使っているすべての勘定科目の勘定口座をまとめた帳簿

を総勘定元帳あるいは元帳という。つまり，総勘定元帳には勘定口座が勘定科目ごとに設けられている。勘定口座の形式はいろいろあるが，簿記の学習上は，簡略なＴ字形のものを利用する。例えば，現金という勘定科目のＴ字形の勘定口座は，以下のようなものである。

（借方）　　　　　現　金　　　　（貸方）

　これは現金という勘定科目の勘定口座の例であるが，他の勘定科目についてもこういった勘定口座が，総勘定元帳には設けられている。この勘定口座に（借方），（貸方）と書いてあるが，簿記では，左側を借方，右側を貸方という。これは現金に限ったことではなく，他のすべての科目についても，左側が借方で，右側が貸方ということになる。

第3節　勘定記入のルール

　勘定口座は，借方と貸方というように左右に分かれているが，それは，その勘定科目の増加があった場合，ある側に記入し，反対にその勘定科目の減少があった場合には，反対側に記入するというかたちで記入を行うためである。それでは，どちら側に増加を記入し，どちら側に減少を記入すればよいのであろうか。それは，取引を記録する勘定科目が資産勘定なのか，負債勘定なのか，純資産勘定（資本勘定）なのかによって違うことになる。例えば，現金は資産勘定である。資産は貸借対照表上では左側に記載されていた。資産勘定については，増加した場合，左側（借方）に記入し，減少した場合，右側（貸方）に記入することになる。

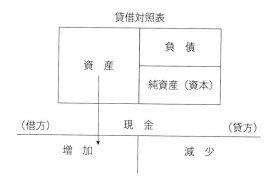

　上の勘定口座は，現金を例としているが，資産勘定であるならば商品など他
の勘定科目でも，増加した場合，借方に記入し，減少した場合，貸方に記入す
ることになる。

　それでは，負債勘定についてはどのように記入するのであろうか。例えば，
買掛金は負債勘定である。負債は貸借対照表上では右側に記載されていた。負
債勘定については，増加した場合，右側（貸方）に記入し，減少した場合，左
側（借方）に記入することになる。

　上の勘定口座は，買掛金を例としているが，負債勘定であるならば借入金な
ど他の勘定科目でも，増加した場合，貸方に記入し，減少した場合，借方に記
入することになる。また，負債勘定については，資産勘定と比べると増加，減
少をそれぞれ反対に記入することがわかる。取引要素の結合関係で見たよう
に，簿記上の取引では，資産が増加するとともに負債が増加するといった取引
があり得る。資産勘定と負債勘定とで反対に記入するように決めておけば，取
引があった場合，ある勘定の借方（左側）と別の勘定の貸方（右側）というよう
に常に記録できる。

　それでは，純資産（資本）勘定についてはどのように記入するのであろうか。例えば，資本金は純資産勘定（資本勘定）である。純資産（資本）は貸借対照表上では右側に記載されていた。純資産勘定（資本勘定）については，増加した場合，右側（貸方）に記入し，減少した場合，左側（借方）に記入することになる。

（借方）　　　　　　　資本金　　　　　　（貸方）

減　少	増　加

　株式会社の場合には，資本金以外にも繰越利益剰余金が用いられる。その際，純資産勘定（資本勘定）であるならば繰越利益剰余金勘定など他の勘定科目でも，増加した場合，貸方に記入し，減少した場合，借方に記入することになる。純資産勘定（資本勘定）についても資産勘定と比べると増加，減少をそれぞれ反対に記入することがわかる。取引要素の結合関係で見たように，簿記上の取引では，資産が増加するとともに純資産（資本）が増加するといった取引があり得る。資産勘定と純資産勘定（資本勘定）とで反対に記入するように決めておけば，取引があった場合，ある勘定の借方（左側）と別の勘定の貸方（右側）というように常に記録できる。

　純資産（資本）の増減については，いったん収益，費用として記録されることもある。前述のように，企業の経営活動によって純資産（資本）が増加した場合，収益が発生したといい，どのようにして増加したのかわかるように，いったん収益として記載されるということであった。収益についても勘定科目ごとに，その発生額が勘定口座に記録されることになる。収益勘定についてはどのように記入するのであろうか。例えば，土地を貸して地代を受け取った場合の受取地代は収益勘定である。収益が発生した場合，純資産（資本）は増加していることになるので，純資産（資本）の増加を記入する貸方にその発生額を記入すればよいことになる。

　上の勘定口座は，受取地代を例としているが，収益勘定であるならば商品売買益など他の勘定科目でも，発生した場合，貸方に記入することになる。

　それでは費用についてはどうであろうか。企業の経営活動によって純資産（資本）が減少した場合，費用が発生したといい，どのようにして減少したのかわかるように，いったん費用として記載されるということであった。費用についても勘定科目ごとに，その発生額が勘定口座に記録されることになる。費用勘定についてはどのように記入するのであろうか。例えば，借入金について利息を支払った場合の支払利息は費用勘定である。費用が発生した場合，純資産（資本）は減少していることになるので，純資産（資本）の減少を記入する借方にその発生額を記入すればよいことになる。

　上の勘定口座は，支払利息を例としているが，費用勘定であるならば給料など他の勘定科目でも，発生した場合，借方に記入することになる。

　これまでの勘定記入のルールをまとめると次のようになる。

（借方）	資産勘定	（貸方）	（借方）	負債勘定	（貸方）
増　加		減　少	減　少		増　加

（借方）	純資産勘定	（貸方）
減　少		増　加

（借方）	費用勘定	（貸方）	（借方）	収益勘定	（貸方）
発　生					発　生

　前述の取引要素の結合関係とこの勘定記入のルールとを見比べてみると，取引要素として左右に書かれているものは，それぞれの勘定口座の借方記入，貸方記入に対応していることがわかる。

[練習問題]

　問題1　次の勘定科目について，取引によって増加した場合，借方，貸方のどちらに記入することになるか。
　　　　（1）買掛金　　（2）建　物　　（3）資本金
　　　　（4）借入金　　（5）貸付金　　（6）商　品

　問題2　次の勘定科目について，取引によって発生した場合，借方，貸方のどちらに記入することになるか。
　　　　（1）支払地代　　（2）商品売買益　　（3）受取利息
　　　　（4）支払利息　　（5）受取家賃　　（6）給　　料

第5章　仕訳と転記

第1節　仕　　訳

　勘定口座への記入は，前述の勘定記入のルールに従って行われることになるが，取引があった場合，いきなり勘定口座へ記入することはない。手続き的には，まず仕訳を行い，その仕訳を書き写すかたちで勘定口座へ記入される（転記される）。

　仕訳とはどのようなものであろうか。取引要素の結合関係で見たように取引は借方（左側）の要素と貸方（右側）の要素との組み合わせで把握することができる。記入は勘定科目ごとに行うので，取引があった場合，どの勘定科目の借方とどの勘定科目の貸方とに記入すればよいかという組み合わせを決めることができる。このように取引を借方の勘定科目と貸方の勘定科目とに分解して表す手続きを仕訳という。どういう場合に，借方と貸方のどちらに記入するのかは，勘定記入のルールに従う。この仕訳を日付順に行うことによって，いつどのような取引が行われたか明らかになる。

　例えば，4月30日に商品¥300,000を掛けで仕入れた場合，仕訳はどのようになるであろうか。商品を仕入れたということは，商品という資産が増えている。資産が増加した場合，資産勘定の借方に記入することになるので，借方の勘定科目は商品ということになる。一方，掛けの場合，代金はまだ支払っていないので，支払義務が発生（増加）している。この支払い義務を表すのは買掛金という負債勘定であり，負債が増加した場合，負債勘定の貸方に記入することになるので，貸方の勘定科目は買掛金ということになる。したがってこの取引の仕訳を示せば，以下のようになる。

4/30 （借方）商　　　品 300,000　　（貸方）買　掛　金 300,000

　もう1つ例をあげてみよう。例えば，5月1日に原価￥150,000の商品を
￥200,000で掛売りした場合，仕訳はどのようになるであろうか。掛売りした
ということは代金をまだもらっていないので，この代金を受け取る権利が発生
（増加）している。この権利を表すのは売掛金という資産勘定であり，資産が増
加した場合，資産勘定の借方に記入することになるので，借方の勘定科目は売
掛金ということになる。また代金を受け取る権利は￥200,000あるので，金額
は￥200,000ということになる。一方，この取引によって原価￥150,000の商品
が売れてなくなっている（減少している）。商品は資産で，資産が減少した場合，
資産勘定の貸方に記入することになるので，貸方の勘定科目は商品ということ
になる。ただし商品が減少した金額は￥150,000であるので，金額は￥150,000
ということになる。これだけだと借方の金額と貸方の金額に￥50,000の差額が
出てしまう。前述のように，取引は借方の要素と貸方の要素の組み合わせとい
うかたちで二面的に（貸借同額で）把握できるので，このままではおかしいと
いうことになる。この差額は，増えた財産（資産）と減った財産（資産）との差額
であり，差し引き財産（資産）は￥50,000増えている。この増えた財産（資産）
は，資本主のものということになるので，商売によって純資産（資本）が増え
ている（収益が発生している）。この収益を表す勘定科目として商品売買益という
科目が用いられる。収益の発生は貸方に記入することになるので，貸方の科目
として商品売買益も加わることになる。この商品売買益の金額は￥50,000であ
る。したがってこの取引の仕訳を示せば，以下のようになる。

　5/1 （借方）売　掛　金 200,000　　（貸方）商　　　品 150,000
　　　　　　　　　　　　　　　　　　　　　商品売買益　　50,000

第2節　勘定口座への転記

　仕訳が行われると，その仕訳を書き写すかたちで勘定口座へ記入される（転記される）。用いている勘定科目の勘定口座をまとめた帳簿を総勘定元帳あるいは元帳というので，この手続きは元帳への転記と表現されることもある。

　先に取り上げた4月30日と5月1日の取引例の仕訳を各勘定口座に転記すると以下のようになる。

商　　　品	
4/30 買掛金300,000	5/1 売掛金 150,000

買　掛　金	
	4/30 商　品300,000

売　掛　金	
5/1 諸　口 200,000	

商品売買益	
	5/1 売掛金 50,000

　各勘定口座への転記は，仕訳の通りであることが確認できるであろう。例えば，4月30日の取引では，仕訳で（借方）商品　300,000 となっているが，これは商品勘定口座の借方に書き写されている。また，仕訳で（貸方）買掛金300,000 となっているが，これは買掛金勘定口座の貸方に書き写されている。ここで金額以外に余計なものがあるような気がするかもしれない。勘定口座へ仕訳を転記するとき，通常，金額とともに取引の日付と相手勘定科目（仕訳で反対側にある勘定科目）も転記する。こうすることで，いつどういう取引で増減が生じたのかがわかるようになる。例えば，商品勘定口座の借方を見ると，商品が¥300,000増加したことだけでなく，4月30日に増加したこと，掛けで仕入れたことなどがわかる。ただ相手勘定科目が複数の場合，相手勘定科目の代わりに諸口と記入する。例えば，5月1日の取引では売掛金の相手勘定科目は商品と商品売買益の2つである。したがって，売掛金勘定口座の借方には諸口

28 |

と記入されている。各勘定口座に記入されている相手勘定科目は，仕訳と反対側に現れるので誤解を生じやすい。勘定口座の記録はT字形の上に書かれている勘定科目の増減を記録しているものと意識する必要がある。

[練習問題]

問題1　次の取引の仕訳を示しなさい。
（1）現金￥950,000の出資を株主から受け営業を開始した。
（2）現金￥300,000を借り入れた。
（3）備品￥450,000を現金で購入した。
（4）商品￥280,000を掛けで仕入れた。
（5）原価￥120,000の商品を￥180,000で掛売りした。

問題2　以下の勘定口座の記入は取引を仕訳して転記したものである。取引の日付順にどのような取引があったか答えなさい。

現　　金
5/1 資本金 700,000 | 5/2 商　品 350,000
5/6 借入金 200,000 | 5/15 給　料 180,000

借　入　金
| 5/6 現　金 200,000

売　掛　金
5/7 諸　口 500,000 |

資　本　金
| 5/1 諸　口 1,500,000

商　　品
5/2 現　金 350,000 | 5/7 売掛金 280,000

商品売買益
| 5/7 売掛金 220,000

土　　地
5/1 資本金 800,000 |

給　　料
5/15 現　金 180,000 |

第6章　試算表

第1節　貸借平均の原則

　取引があった場合，仕訳をして元帳の勘定口座へ転記するというかたちで記録が行われることは，すでに見た。この手続きは，簿記の日常の手続きと呼ばれている。一方，1つの会計期間にわたる日常の手続きの記録をもとにして，貸借対照表や損益計算書を作成していく手続きもある。この手続きは，簿記の決算の手続きと呼ばれている。決算の手続きの詳細については後述の予定であるが，決算の手続きの1つとして試算表の作成がある。試算表は，簿記の日常の手続きが正しく行われたか確かめることを目的として作成される。

　簿記の日常の手続きが正しく行われたかどのようにして確かめるかというと，貸借平均の原則を利用して確かめるということになる。前述のように，取引は借方の要素と貸方の要素の組み合わせというかたちで二面的に（貸借同額で）把握できる。仕訳も貸借同額で行われているので，ある勘定科目の借方に記入された金額は別の勘定科目の貸方に記入される。したがって，すべての勘定科目の勘定口座についてまとめてみると，借方の合計額と貸方の合計額は一致するはずである。これを貸借平均の原則という。試算表では，実際に貸借の合計額が一致するか確かめ，もし一致していなければ，どこかに間違いがあることがわかる。

第2節　試算表の種類

　試算表には，いくつかの種類のものがある。それは，合計試算表，残高試算

表，合計残高試算表の3つである。合計残高試算表は，合計試算表と残高試算表を1つの表にまとめたものであるので，実質的には2つの種類の試算表があるということになる。

　合計試算表の作成では，用いている勘定科目を書き出し，各勘定科目の勘定口座に記録されている借方合計額と貸方合計額を勘定科目ごとに書き出していく。最後にすべての勘定科目についての借方合計額と貸方合計額を計算して記入し，一致することを確かめる。

　残高試算表の作成では，用いている勘定科目を書き出し，各勘定科目の勘定口座に記録されている借方合計額と貸方合計額との差額である残高を勘定科目ごとに書き出していく。最後にすべての勘定科目についての残高の借方合計額と貸方合計額を計算して記入し，一致することを確かめる。

第3節　設例による試算表の作成

　合計残高試算表は，合計試算表と残高試算表を1つの表にまとめたものであり，合計試算表も残高試算表も学べるので，ここでは設例によって合計残高試算表を作成してみる。令和○年5月に開業したばかりの東京商事の各勘定口座の記録が以下の通りであった場合，5月31日時点での合計残高試算表を作成すると次のようになる。

	現　　　金	
5/1 資本金 700,000	5/2 商　品 350,000
20 受取地代 20,000	15 給　料 180,000
31 借入金 200,000	25 支払家賃 50,000

	資　本　金
	5/1 諸　口 1,500,000

	売　掛　金	
5/7 諸　口 500,000	

	商品売買益
	5/7 売掛金 220,000

		商 品					受 取 地 代	
5/2 現 金 350,000	5/7 売掛金 280,000						5/20 現 金 20,000	

		土 地					給 料	
5/1 資本金 800,000					5/15 現 金180,000			

		借 入 金					支 払 家 賃	
	5/31 現 金 200,000				5/25 現 金 50,000			

合計残高試算表

令和○年５月31日

借 方		勘定科目	貸 方	
残 高	合 計		合 計	残 高
340,000	920,000	現 金	580,000	
500,000	500,000	売 掛 金		
70,000	350,000	商 品	280,000	
800,000	800,000	土 地		
		借 入 金	200,000	200,000
		資 本 金	1,500,000	1,500,000
		商 品 売 買 益	220,000	220,000
		受 取 地 代	20,000	20,000
180,000	180,000	給 料		
50,000	50,000	支 払 家 賃		
1,940,000	2,800,000		2,800,000	1,940,000

　合計残高試算表は，内側の部分が合計試算表になっており，外側の部分が残高試算表になっている。

　合計試算表の部分は，それぞれ各勘定口座の借方に記入されている合計額と貸方に記入されている合計額を書き入れていけばよい。例えば現金の勘定口座の借方には¥700,000，¥20,000，¥200,000と記入されており，合計で¥920,000

になるので，その金額が現金の借方合計のところに書き入れられている。現金勘定の貸方合計や他の勘定科目についても確認してもらえば，表の通りであることがわかるであろう。

　残高試算表の部分は，それぞれ各勘定口座の借方に記入されている合計額と貸方に記入されている合計額との差額を合計額の大きい側に書き入れていけばよい。例えば，現金の勘定口座の場合，借方の合計額は¥920,000であり，貸方の合計額は¥580,000であるので，差額は¥340,000ということになる。この場合，借方の合計額の方が貸方の合計額よりも大きいので，現金の借方残高のところにこの差額が書き入れられている。現金は資産であるので，増加した場合には借方，減少した場合には貸方に記入する。残高は，増加の記録の合計から減少の記録の合計を差し引いた残りを表している。借入金のような負債の勘定科目では，資産とは反対に，増加した場合に貸方，減少した場合に借方に記入するので，残高は貸方に書き入れることになる。残高が借方に出てくる勘定科目と貸方に出てくる勘定科目があるが，借方残高の合計額と貸方残高の合計額は一致する。なぜ一致するかは，合計試算表と残高試算表を見比べればよくわかる。例えば，現金の勘定口座の場合，合計試算表では借方¥920,000，貸方¥580,000と記入されているが，残高試算表では借方だけに¥340,000と記入されている。合計試算表の場合と比べた違いは，借方と貸方の両側から¥580,000を引いた金額を書き入れているということである。つまり借方には¥920,000から¥580,000を引いて¥340,000と記入し，貸方には¥580,000から¥580,000を引くとゼロになるので記入していない。他の勘定科目についても借方と貸方の両側から同じ金額（ゼロも含む）を引いた金額を書き入れていることが確認できる。合計試算表の合計額が借方と貸方で一致していた以上，両側から同じ金額を引いた結果も借方と貸方で一致する。

第4節　残高試算表の構造

　資産科目と費用科目については増加または発生を借方に記入するので，残高

試算表において，その残高は借方側に現れる。一方，負債科目と純資産科目（資本科目）と収益科目については増加または発生を貸方に記入するので，残高試算表において，その残高は貸方側に現れる。残高試算表では，借方残高合計と貸方残高合計が等しいので，残高試算表は次のような構造になっている。

残高試算表

資産の残高	負債の残高
	純資産（資本）の残高
費用の残高（発生額）	収益の残高（発生額）

　収益勘定と費用勘定の勘定残高はその発生額を表している。一定期間の収益発生額と費用の発生額とその差額の当期純利益（または当期純損失）を示すのが損益計算書であるから，残高試算表の収益と費用を取り出せば損益計算書を容易に作成することができる。

　また資産の残高と負債の残高は会計期間中に増減した結果としての期末の残高を表している。期末の時点での資産・負債・純資産（資本）の状態を示すのが期末の貸借対照表であるので，残高試算表の資産と負債と純資産（資本）を取り出せば貸借対照表を容易に作成することができる。ここで注意すべきことは，残高試算表の純資産（資本）の残高は期末の残高ではなく，期首の残高であることである（追加出資などがない場合）。なぜならば企業の経営活動によって純資産（資本）が増加したとき，収益が発生したといい，企業の経営活動によって純資産（資本）が減少したとき，費用が発生したというわけで，企業の経営活動による純資産（資本）の増減は，収益・費用として記録されており，純資産（資本）の残高にこの時点では反映されていないためである。したがって残高試算表の純資産（資本）の残高に企業の経営活動によって増加した当期純利益を加えた額（当期純損失の場合は引いた額）が期末の純資産（資本）の残高ということになる。この期末の純資産（資本）の残高を用いると，貸借対照表

等式が成立する。

　また参考までに前節の例の東京商事について，会計期間を令和○年５月１日から５月31日までとした場合の貸借対照表と損益計算書は以下のようになる。

貸借対照表

東京商事		令和○年５月31日		(単位：円)
資　産	金　額	負債及び純資産	金　額
現　　　金	340,000	借　入　金	200,000
売　掛　金	500,000	資　本　金	1,500,000
商　　　品	70,000	繰越利益剰余金	10,000
土　　　地	800,000		
	1,710,000		1,710,000

損益計算書

東京商事	令和○年５月１日から　令和○年５月31日まで		(単位：円)	
費　用	金　額	収　益	金　額
給　　　料	180,000	商品売買益	220,000
支 払 家 賃	50,000	受 取 地 代	20,000
当期純利益	**10,000**		
	240,000		240,000

練習問題

問題1　各勘定口座の記録が以下の通りであった場合，5月31日時点での合計試
算表を作成しなさい。

現　　金

5/1	資本金	900,000	5/9	備　品	300,000
5/7	借入金	350,000	5/20	給　料	100,000
5/30	売掛金	150,000	5/31	支払利息	3,000

借　入　金

| | | | 5/7 | 現　金 | 350,000 |

売　掛　金

| 5/15 | 諸　口 | 530,000 | 5/30 | 現　金 | 150,000 |

資　本　金

| | | | 5/1 | 現　金 | 900,000 |

商　　品

| 5/8 | 買掛金 | 450,000 | 5/15 | 売掛金 | 400,000 |

商品売買益

| | | | 5/15 | 売掛金 | 130,000 |

備　　品

| 5/9 | 現　金 | 300,000 | | | |

給　　料

| 5/20 | 現　金 | 100,000 | | | |

買　掛　金

| | | | 5/8 | 商　品 | 450,000 |

支　払　利　息

| 5/31 | 現　金 | 3,000 | | | |

問題2　問題1の資料に基づいて，5月31日時点での残高試算表を作成しなさい。

問題1

合計試算表

令和○年5月31日

借　方	勘定科目	貸　方
	現　　　金	
	売　掛　金	
	商　　　品	
	備　　　品	
	買　掛　金	
	借　入　金	
	資　本　金	
	商品売買益	
	給　　　料	
	支　払　利　息	

問題2

残高試算表

令和○年5月31日

借　方	勘定科目	貸　方
	現　　　金	
	売　掛　金	
	商　　　品	
	備　　　品	
	買　掛　金	
	借　入　金	
	資　本　金	
	商品売買益	
	給　　　料	
	支　払　利　息	

第7章　現金・預金

第1節　現　　金

　現金勘定は資産勘定である。したがって現金が増加した場合，現金勘定の借方に記入し，現金が減少した場合，現金勘定の貸方に記入する。現金といって思い浮かぶのは通貨であるが，現金勘定が用いられるのは通貨ばかりではない。以前に比べあまり利用されなくなってきてはいるが，他人振り出しの小切手や送金小切手のようにすぐに現金化できる通貨代用証券を受け取ったりした場合，現金という勘定科目を用いて処理することになる。

　例えば，売掛金¥160,000を回収する際，取引相手の得意先商店が小切手を振り出して渡してくれた場合，他人振り出しの小切手が増加したことになるが，勘定科目は現金を用いる。この取引の仕訳を示すと以下のようになる。

　（借方）現　　　金　160,000　　（貸方）売　掛　金　160,000

　このように，通貨以外の通貨代用証券についても現金という勘定科目が用いられる点は注意を要する。

第2節　現金過不足

　現金勘定の借方合計額から貸方合計額を引くと現金の残高が計算できる。この帳簿上の残高は，実際に現金を数えて求めた現金の手許有高と一致しない場合があり得る。このような場合，不一致の原因を調べる必要があるが，その間一時的に現金過不足として処理しておく。例えば，現金の帳簿上の残高は

¥480,000 であるのに対して，実際の現金有高は¥450,000 であった場合，実際に合わせて現金勘定の金額を減らし（貸記），相手科目を決められないので，仮に現金過不足としておく。この仕訳を示せば以下のようになる。

　（借方）現金過不足　30,000　　（貸方）現　　　　金　30,000

　その後の調査で，現金不足額のうち¥25,000 については買掛金の支払いを記入していなかったためと判明した場合，買掛金の支払いによって支払義務（負債）は減少しているので，買掛金勘定の借方に記入することになる。支払ったのは現金であるが，上の仕訳で現金の減少はすでに記録してある。ここでは仮に用いていた現金過不足が原因の判明により不要になるので，取り崩す（反対側に記入する）ことになる。この仕訳を示せば以下のようになる。

　（借方）買　掛　金　25,000　　（貸方）現金過不足　25,000

　このように現金不足額について原因がわかれば，該当する勘定科目を用いるとともに現金過不足を取り崩せばよい。しかし，決算日になっても現金不足額の原因がわからない場合もあり得る。このような場合，なぜかはわからないが現金が減っているので，雑損（費用勘定）として処理する。雑損は費用勘定であるのでその借方に記入するとともに現金過不足を取り崩すことになる。いまの例で，現金不足額のうち残りの¥5,000 の原因が，決算日になっても不明である場合，次のような仕訳をすることになる。

　（借方）雑　　　　損　5,000　　（貸方）現金過不足　5,000

　このように現金過不足は仮に用いられるものなので，最終的には借方と貸方で同額となり，勘定残高はゼロになる。

　いまの例は現金が不足していた場合の例であるが，現金は過剰の場合もあり得る。例えば，現金の帳簿上の残高は¥360,000 であるのに対して，実際の現金有高は¥380,000 であった場合，実際に合わせて現金勘定の金額を増やし（借記），相手科目を決められないので，仮に現金過不足としておく。この仕訳

を示せば以下のようになる。

（借方）現　　金 20,000　　（貸方）現金過不足 20,000

その後の調査で，現金過剰額のうち¥18,000については売掛金の回収を記入していなかったためと判明した場合，売掛金の回収によって権利（資産）は減少しているので，売掛金勘定の貸方に記入することになる。回収したのは現金であるが，上の仕訳で現金の増加はすでに記録してある。ここでは仮に用いていた現金過不足が原因の判明により不要になるので，取り崩す（反対側に記入する）ことになる。この仕訳を示せば以下のようになる。

（借方）現金過不足 18,000　　（貸方）売　掛　金 18,000

このように現金過剰額について原因がわかれば，該当する勘定科目を用いるとともに現金過不足を取り崩せばよい。しかし，決算日になっても現金過剰額の原因がわからない場合もあり得る。このような場合，なぜかはわからないが現金が増えているので，雑益（収益勘定）として処理する。雑益は収益勘定であるのでその貸方に記入するとともに現金過不足を取り崩すことになる。いまの例で，現金過剰額のうち残りの¥2,000の原因が，決算日になっても不明である場合，次のような仕訳をすることになる。

（借方）現金過不足 2,000　　（貸方）雑　　益 2,000

先ほどと同様に，現金過不足は仮に用いられるものなので，最終的には借方と貸方で同額となり，勘定残高はゼロになる。

第3節　当座預金

預金は企業の資産である。預金には，当座預金，普通預金，定期預金などさまざまな種類のものがあるが，通常，預金の種類ごとに別の勘定科目を設定する。ただし複数の銀行に預金がある場合，当座預金A銀行，当座預金B銀行

といった勘定科目を用いることもある。ここでは企業の決済における重要性から当座預金を取り上げる。当座預金勘定は資産勘定である。したがって当座預金に預け入れ，預金が増加した場合，当座預金勘定の借方に記入し，当座預金の引き出しを行い，当座預金が減少した場合，当座預金勘定の貸方に記入する。

　銀行に当座預金口座を開設すると，小切手帳を受け取ることになる。当座預金の引き出しは，引き落としのようなかたちで行われることもあるが，基本的には小切手に必要な金額などを書き込んで発行し（振り出し），銀行に持参することで行われる。小切手は自ら銀行に持参してもよいが，取引上の支払相手に小切手を渡し，支払うべき代金などを銀行で受け取ってもらうこともできる。小切手の様式は以下のようなものである。

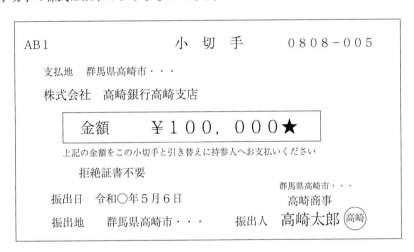

　例えば，現金￥180,000 を当座預金口座に預け入れたとする。この取引の仕訳を示すと以下のようになる。

　（借方）当 座 預 金　180,000　　（貸方）現　　　　金　180,000

　次に商品￥100,000 を仕入れ，小切手を振り出して代金を支払ったとする。この取引の仕訳を示すと以下のようになる。

（借方）商　　　品 100,000　　（貸方）当 座 預 金 100,000

　この場合，小切手を振り出して取引上の支払相手にその小切手を渡しただけ
で，支払相手はまだ銀行に行って代金を受け取っていないかもしれないが，い
ずれ預金は引き出されることになるので，この時点で当座預金勘定の減少を記
録している。

第4節　当座借越

　当座預金は預金の一種であるから，預金の残高以上の金額を引き出すことは
通常できない。したがって小切手も通常は預金の残高以内の金額で振出され，
残高以上の金額の小切手を振り出しても銀行で払ってもらうことはできない。
しかし銀行と当座借越契約を結んでいる場合には，預金残高の金額を超えた金
額の小切手を振り出しても借越限度額の範囲内であれば，銀行で払ってもらえ
る。借越限度額は，銀行に差し入れた担保などによって決められる。

　銀行と当座借越契約を結んでいて，預金残高を超えた金額の小切手を振り出
した場合，その超過額は銀行から借りていることになるので，返さなければな
らない義務（負債）が生まれていることになる。この負債を取引の時点で厳密
に処理するためには，当座預金勘定の残高を常に把握している必要があり，煩
雑である。期間中の仕訳では借越状態になるような小切手が振出された場合で
も，当座預金勘定の貸方に記入することにすれば，簡単に処理することができ
る。ただこのように処理した場合，当座預金勘定は，借方に残高が出る場合に
は当座預金（資産）の残高を表しており，貸方に残高が出る場合には当座借越
（負債）の残高を表していることになる。このように当座借越契約がある場合，
当座預金勘定は，残高が借方に出るか貸方に出るかによって資産勘定になった
り負債勘定になったりしているということになる。資産と負債とで，どちら側
に増加，どちら側に減少を記入するかは反対であったので，増加，減少という
表現は適切ではないかもしれない。しかしどのように勘定口座に記入すること

になるかは，当座借越契約のない場合の当座預金勘定と同じである。つまり，当座預金口座に預け入れた時に当座預金勘定の借方に記入し，小切手を振り出すなどして当座預金の引き出しを行ったときに当座預金勘定の貸方に記入すればよい。

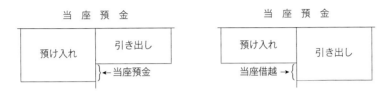

預け入れた金額の方が引き出した金額よりも大きければ資産で，反対に引き出した金額の方が預け入れた金額よりも大きければ負債ということになる。

例えば，商品￥300,000を仕入れ，小切手を振り出して代金を支払ったとする。ただし当座預金の残高は￥100,000しかなかったが，借越限度額￥500,000の当座借越契約が結ばれているとする。この取引の仕訳は借越状態にならない場合と同様に以下のようになる。

①（借方）商　　　品　300,000　（貸方）当 座 預 金　300,000

その後，現金￥250,000を当座預金口座に入金したとする。この取引の仕訳を示すと以下のようになる。

②（借方）当 座 預 金　250,000　（貸方）現　　　金　250,000

当座預金勘定の勘定残高の推移は以下のようになる。もともと当座預金の残高は￥100,000の借方残高であったが，①の小切手を振り出した取引によって￥200,000の貸方残高になる。さらに②の当座預金口座へ入金する取引によって￥50,000の借方残高になる。それぞれ，借方に残高が出る場合には当座預金（資産）の残高を表しており，貸方に残高が出る場合には当座借越（負債）の残

高を表していることが確認できる。

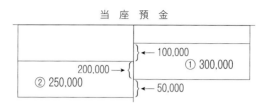

当 座 預 金

　期間中はこのように処理するが，期末に当座借越状態になっている場合には，期末に負債があるということなので，この事実を貸借対照表上で明示する必要がある。当座預金勘定は本来資産勘定であるので，当座預金勘定の貸方残高は負債勘定である当座借越勘定あるいは借入金勘定の貸方に振り替える（移動させる）ことになる。

　例えば，期末の当座預金勘定に¥150,000の貸方残高があった場合，次のような仕訳をすることになる。

（借方）当 座 預 金　150,000　　（貸方）当 座 借 越　150,000

　この仕訳によって，当座預金勘定の貸方残高が無くなり，当座借越勘定の貸方に移ったことがわかる。

　この場合，翌期中の取引は当座預金勘定だけを使って行うことになるので，翌期首に前期末に行った仕訳の反対仕訳をして，当座預金勘定の貸方に残高を戻すことになる。この仕訳を示すと以下のようになる。

（借方）当 座 借 越　150,000　　（貸方）当 座 預 金　150,000

第5節　小口現金

　大口の支払いについては小切手を振り出して支払うなどすれば，手許に現金を多く用意しておく必要はなくなる。しかし交通費などの細かい支出のために現金を用意しておくことは必要である。こういった細かい支払いを担当する用度係に渡しておく現金を小口現金という。小口現金勘定は資産勘定である。また小口現金は現金であるので，貸借対照表に記載されるときには現金に含められる。

　用度係に渡してある現金は使えばなくなるので，補給しなければならないが，そのやり方として定額資金前渡制（imprest system）が用いられることがある。定額資金前渡制では，週や月といった一定期間の最初に一定額を用度係に渡しておき，その一定期間の終わりに支払報告を用度係にしてもらい，使った分だけ補給することになる。このため次の週や月の初めには，また同じ一定額が用度係に渡されていることになる。

　例えば，定額資金前渡制を用いることにして，まず月初めに¥90,000小切手を振り出して用度係に渡した場合，用度係はその小切手で現金を受け取り，細かい支払いのために保管することになるので，この取引の仕訳を示すと以下のようになる。

（借方）小　口　現　金　90,000　　（貸方）当　座　預　金　90,000

　そして月末に用度係から，通信費¥18,000，交通費¥35,000，雑費¥12,000の支払いを行ったという報告を受け，小切手を振り出して補給した場合，使った分だけ補給することになるので，この取引の仕訳を示すと以下のようになる。

（借方）通　信　費　18,000　　（貸方）小　口　現　金　65,000
　　　　交　通　費　35,000
　　　　雑　　　費　12,000

（借方）小 口 現 金　65,000　　（貸方）当 座 預 金　65,000

　この仕訳では，支払の報告に関する仕訳と資金の補給に関する仕訳を分けているが，小口現金は使った分だけ補給されていて，増減がなくなるので，省略して次のような仕訳でも構わないことになる。

（借方）通　信　費　18,000　　（貸方）当 座 預 金　65,000
　　　　交　通　費　35,000
　　　　雑　　　費　12,000

[練習問題]

　問題　次の取引の仕訳を示しなさい。
　（1）地代￥45,000 を現金で受け取り，ただちに当座預金に預け入れた。
　（2）買掛金￥360,000 支払のため小切手を振り出して渡した。ただし，
　　　　当座預金の残高は￥200,000 であり，限度額￥300,000 の当座借越
　　　　契約が結ばれている。
　（3）上記（2）の取引の後で現金￥250,000 を当座預金口座に入金した。
　（4）現金の帳簿上の残高は￥190,000 であるのに対して，実際の現金有
　　　　高は￥175,000 であった。
　（5）上記（4）の現金不足額のうち￥12,000 については買掛金の支払を
　　　　記入していなかったためと判明した。残額は雑損とする。
　（6）前橋商店に対する売掛金￥300,000 を同店振り出しの小切手で回収
　　　　した。
　（7）定額資金前渡制を用いることにして，まず月初めに￥70,000 小切手
　　　　を振り出して用度係に渡した。
　（8）上記（7）のあと月末に用度係から，通信費￥14,000，交通費
　　　　￥26,000，雑費￥13,000 の支払を行ったという報告を受け，小切
　　　　手を振り出して補給した。

第**8**章　商品売買

第1節　分記法

　これまでも商品の売買の取引を仕訳してきたが，その方法は分記法と呼ばれるものである。分記法では，商品を仕入れたときに商品という資産が増えたということで，商品勘定の借方に記入する。また，商品を売り上げたときには商品という資産が減ったということで，商品勘定の貸方に記入するとともに，商品の原価と売価の差額については収益が発生したということで，商品売買益勘定の貸方に記入する。このように商品を売り上げたときに，商品の原価と売買益を分けて記入するので分記法という。

　例えば，商品¥200,000を掛けで仕入れた場合，この取引の仕訳を示すと以下のようになる。

　（借方）商　　　品　200,000　　（貸方）買　掛　金　200,000

　上記商品を¥300,000で掛売りした場合，この取引の仕訳を示すと以下のようになる。

　（借方）売　掛　金　300,000　　（貸方）商　　　品　200,000
　　　　　　　　　　　　　　　　　　　　商品売買益　100,000

　このように分記法では，商品を売り上げたとき，売れた商品の原価を把握していないと仕訳ができないことになる。したがってこの方法は，実際に仕訳をするうえで煩雑な方法ということになる。

第2節　3 分 法

　分記法と違い，商品を売り上げたとき，売れた商品の原価を把握していなくても仕訳ができる方法として，3分法がある。3分法では，商品を仕入れたときに仕入勘定の借方に記入する。また，商品を売り上げたときには売上勘定の貸方に記入する。3分法では，日常的な商品の売買の取引については，仕入勘定と売上勘定の2つの勘定科目を用いて処理する。会計期間の期末に商品が在庫として残っているような場合には繰越商品勘定も用いる。このように全部で3つの勘定科目を用いて処理することになるので，この方法を3分法という。

　前節の商品を仕入れたときと売り上げたときの仕訳を示すと以下のようになる。

（借方）仕　　　　入　200,000　　（貸方）買　掛　金　200,000

（借方）売　掛　金　300,000　　（貸方）売　　　　上　300,000

　このように3分法では，日常の商品売買取引の仕訳を簡単に行うことができる。この仕訳では，売上と仕入という勘定科目が出てくるが，これは，資産，負債，純資産（資本），収益，費用のどれに該当するのであろうか。これについては，売上は収益勘定，仕入は費用勘定ということになる。分記法では，商品は資産勘定，商品売買益は収益勘定であった。仕入れた商品が費用ということについて理解しにくい面があるかもしれないが，その商品が売れてなくなったことを考えれば，財産が減ることになり，この財産が減った分をだれが負担することになるかといえば，企業の資本主（オーナー）ということになるので，純資産（資本）が減少し，費用が発生したと考えて問題ないであろう。つまり商品は売れてなくなるということを前提にしていると考えてもよいであろう。したがって商品が売れなくて期末に在庫として残った場合，期末に修正をする必要が出てくる。この修正については，決算整理のところで解説することにす

る。いまの例の場合，仕入れた商品が全部売れているが，このような場合には正しい利益が計算されていることを確認しておこう。この場合，売上という収益が¥300,000 で，仕入という費用が¥200,000 であるので，収益から費用を引いた利益は¥100,000 ということになり，分記法で計算した商品売買益と同じになる。

第3節　仕入諸掛・売上諸掛

　ここでは3分法で処理していることを前提にして，仕入諸掛と売上諸掛について解説する。まず，仕入諸掛とは，商品を仕入れるときにかかる引取運賃や保険料などのことである。この仕入諸掛は仕入原価に含めることになる。したがって仕入諸掛にあたる費用を支払った場合には，仕入勘定の借方に記入する。

　例えば，商品¥250,000 を掛けで仕入れ，引取運賃¥8,000 を現金で支払った場合，この取引の仕訳を示すと以下のようになる。

（借方）仕　　　　入　258,000　　（貸方）買　掛　金　250,000
　　　　　　　　　　　　　　　　　　　　現　　　金　　 8,000

　次に，売上諸掛とは，商品を売り上げるときにかかる荷造り費や運賃などのことである。この売上諸掛は，通常，発送費として処理することになる。したがって売上諸掛にあたる費用を支払った場合には，発送費勘定の借方に記入する。

　例えば，商品¥350,000 を掛けで売り上げ，発送運賃¥9,000 を現金で支払った場合，この取引の仕訳を示すと以下のようになる。

（借方）売　掛　金　350,000　　（貸方）売　　　　上　350,000
　　　　発　送　費　　 9,000　　　　　　現　　　金　　 9,000

　通常，このように仕訳することになるが，売上諸掛については，先方（買主）

が負担する場合もある。その場合，立て替えて支払った分は先方に請求できるので，その請求権は資産ということになる。勘定科目としては売掛金に含めるか，立替金という勘定科目を用いて処理する。上記取引の発送運賃が先方負担だった場合，この取引の仕訳を示すと以下のようになる。

（借方）売　掛　金　359,000　　（貸方）売　　　上　350,000
　　　　　　　　　　　　　　　　　　　　現　　　金　　9,000

あるいは

（借方）売　掛　金　350,000　　（貸方）売　　　上　350,000
　　　　立　替　金　　9,000　　　　　　現　　　金　　9,000

第4節　返品・値引

　仕入れた商品について品違いや品質不良などがあり，商品を返品する場合がある。これを仕入戻しという。仕入戻しがあった場合，仕入れた金額が返品した分だけ減るので，仕入の記録を取り消すということで，通常記入するのとは反対側である仕入勘定の貸方に返品額を記入する。また，掛けで仕入れた商品を返品する場合，返品した分の代金を支払う必要はないので買掛金の借方に記入することになる。
　例えば，先に掛けで仕入れた商品に品違いがあり，¥15,000分の商品を返品した場合，この取引の仕訳を示すと以下のようになる。

（借方）買　掛　金　15,000　　（貸方）仕　　　入　15,000

　この例は，返品の例であるが，商品の品質不良の場合などは，返品するのではなく，その分値引きを受けることで納得することもある。これを仕入値引という。仕入値引の場合も仕入れた金額が値引きを受けた分だけ減るので，通常記入するのとは反対側である仕入勘定の貸方に値引額を記入する。したがって

仕訳は，返品の場合と同じになる。

　売り上げた商品について品違いや品質不良などがあり，商品が返品される場合がある。これを売上戻りという。売上戻りがあった場合，売り上げた金額が返品された分だけ減るので，売上の記録を取り消すということで，通常記入するのとは反対側である売上勘定の借方に返品額を記入する。また，掛けで売り上げた商品が返品された場合，返品された分の代金を請求することはできないので，売掛金の貸方に記入することになる。

　例えば，先に掛けで売り上げた商品に品違いがあり，¥23,000 分の商品が返品された場合，この取引の仕訳を示すと以下のようになる。

（借方）売　　　上　　23,000　　（貸方）売　掛　金　23,000

　この例は，返品の例であるが，商品の品質不良の場合などは，返品されるのではなく，その分値引きをすることで納得してもらうこともある。これを売上値引という。売上値引の場合も売り上げた金額が値引きをした分だけ減るので，通常記入するのとは反対側である売上勘定の借方に値引額を記入する。したがって仕訳は，返品の場合と同じになる。

練習問題

問題　次の取引の仕訳を示しなさい。

（1）商品¥180,000 を掛けで仕入れ，引取運賃¥5,000 を現金で支払った。

（2）先に掛けで仕入れた商品に品違いがあり，¥12,000 分の商品を返品した。

（3）先に掛けで仕入れた商品に品質不良があり，¥18,000 の値引きを受けた。

（4）商品¥330,000 を掛けで売り上げ，発送運賃¥7,000 を現金で支払った。

（5）商品¥290,000 を掛けで売り上げ，発送運賃¥6,000（先方負担）を現金で支払った。

（6）先に掛けで売り上げた商品に品違いがあり，¥21,000 分の商品が返品された。

（7）先に掛けで売り上げた商品に品質不良があり，¥13,000 の値引きをすることにした。

第9章　有価証券

第1節　有価証券の購入

　簿記で有価証券といった場合，企業の保有する株式や国債や社債などを指している。企業はさまざまな目的で有価証券を保有する。満期まで利息収入を得ようとして国債を保有することもあるであろうし，他の企業を支配しようとして株式を保有することもあるであろう。一方，主に値上がりを期待して短期的に有価証券を売買することもある。このような売買目的で有価証券を購入した場合には，売買目的有価証券勘定の借方に記入することになる。また有価証券購入時に証券会社へ買入手数料を支払った場合，その金額も売買目的有価証券勘定に含められることになる。

　例えば，売買目的でA社株1,000株を1株¥650で購入し，買入手数料¥5,000とともに小切手を振り出して支払った場合，この取引の仕訳を示すと以下のようになる。

　（借方）売買目的有価証券　655,000　　（貸方）当　座　預　金　655,000

　いまのは株式を購入した場合の例であるが，国債や社債の場合には額面¥100当たりいくらというかたちで価格が示される。したがって購入額を計算する場合，まず購入する額面総額を100で割って，額面¥100を1単位とした場合，何単位購入することになるかを計算し，これに単位当たりの価格を乗じて求めることになる。

　例えば，売買目的でA社社債（額面¥1,000,000）を@¥97で購入し，小切手を振り出して支払った場合，この取引の仕訳を示すと以下のようになる。

（借方）売買目的有価証券　970,000　　（貸方）当　座　預　金　970,000

　この場合，買入手数料はないことにしているが，買入手数料がある場合には，株式の場合と同様に売買目的有価証券勘定に含めることになる。

第2節　有価証券の売却

　売買目的有価証券を売却したときの仕訳は，商品売買における分記法のようなやり方で行われる。まず売却する有価証券の帳簿価額（決算整理のところで出てくる評価替えがない場合には取得価額）を売買目的有価証券勘定の貸方に記入する。そして売却価額と帳簿価額との差額は，帳簿価額より高く売れた場合には有価証券売却益勘定（収益勘定）の貸方に記入し，帳簿価額以下でしか売れなかった場合には有価証券売却損勘定（費用勘定）の借方に記入する。

　例えば，先ほどのA社株1,000株を1株¥700で売却し，代金は現金で受け取った場合，この取引の仕訳を示すと以下のようになる。

（借方）現　　　　　金　700,000　　（貸方）売買目的有価証券　655,000
　　　　　　　　　　　　　　　　　　　　　　有価証券売却益　　45,000

　この例には書いていないが，売却した場合にも手数料がかかるのではないかと思うかもしれない。その場合には，売却価額から手数料を引いた手取り額と帳簿価額との差額を有価証券売却益あるいは有価証券売却損とすればよい。

　社債の売却についても例をあげると，先ほどのA社社債（額面¥1,000,000）を@¥96で売却し，代金は現金で受け取った場合，この取引の仕訳を示すと以下のようになる。

（借方）現　　　　　金　960,000　　（貸方）売買目的有価証券　970,000
　　　　有価証券売却損　10,000

第3節　受取利息・受取配当金

　利払い日に国債や社債を所有していると，利息を受け取ることになる。また権利確定日に株式を所有していると，その株式を発行している会社が配当を行うならば，配当金を受け取ることになる。利息を受け取った場合，受取利息勘定あるいは有価証券利息勘定（いずれも収益勘定）の貸方に記入する。配当金を受け取った場合，受取配当金勘定（収益勘定）の貸方に記入する。

　国債や社債を所有している場合の利息は，額面に対して何パーセントというかたちで決められている。例えば，所有している A 社社債（額面￥1,000,000，利率年2%，利払日6月末と12月末）について半年分の利息を現金で受け取った場合，この取引の仕訳を示すと以下のようになる。

　（借方）現　　　金　10,000　　（貸方）受 取 利 息　10,000

　配当金の受け取り方の1つに，郵送された配当金領収証を金融機関に持参して受け取るというものがある。配当金領収証は通貨代用証券ということで，勘定科目は現金を使うことになる。例えば，所有している A 社株について￥12,000の配当金領収証が郵送されてきた場合，この取引の仕訳を示すと以下のようになる。

　（借方）現　　　金　12,000　　（貸方）受取配当金　12,000

練習問題

問題　次の取引の仕訳を示しなさい。

（1）売買目的でB社株2,000株を1株¥380で購入し，代金は小切手を振り出して支払った。

（2）上記B社株2,000株を1株¥450で売却し，代金は現金で受け取った。

（3）所有しているC社株について¥8,000の配当金領収証が郵送されてきた。

（4）売買目的でB社社債（額面¥3,000,000）を@¥99で購入し，代金は小切手を振り出して支払った。

（5）上記B社社債（額面¥3,000,000）を@¥97で売却し，代金は現金で受け取った。

（6）所有しているC社社債（額面¥2,000,000，利率年3％，利払日6月末と12月末）について半年分の利息を現金で受け取った。

第10章　各種債権・債務

第1節　貸付金・借入金

　借用証書を作成して取引先などに金銭を貸し付けた場合，貸した金を返してもらう権利が生じる。この権利については，貸付金勘定（資産勘定）の借方に記入する。貸した金を返してもらった場合，その権利は消滅するので，貸付金勘定の貸方に記入する。貸付金について利息を受け取った場合は，受取利息勘定（収益勘定）で処理する。

　借用証書を作成して取引先などから金銭を借りた場合，借りた金を返す義務が生じる。この義務については，借入金勘定（負債勘定）の貸方に記入する。借りた金を返した場合，その義務は消滅するので，借入金勘定の借方に記入する。借入金について利息を支払った場合は，支払利息勘定（費用勘定）で処理する。

　例えば，A商店がB商店から現金¥500,000を借りた場合，それぞれの商店におけるこの取引の仕訳を示すと以下のようになる。

＜A商店＞
　　（借方）現　　　金　500,000　　（貸方）借　入　金　500,000
＜B商店＞
　　（借方）貸　付　金　500,000　　（貸方）現　　　金　500,000

　そしてA商店がB商店に借入金の返済をすることにして，利息¥15,000とともに現金で支払った場合，それぞれの商店におけるこの取引の仕訳を示すと以下のようになる。

＜A 商店＞

　　（借方）借　入　金　500,000　　　（貸方）現　　　　金　515,000

　　　　　　支 払 利 息　 15,000

＜B 商店＞

　　（借方）現　　　　金　515,000　　　（貸方）貸　付　金　500,000

　　　　　　　　　　　　　　　　　　　　　　　 受 取 利 息　 15,000

第 2 節　売掛金と未収入金

　本業で売買している商品を売って，その代金をまだもらっていない場合，その代金を受け取る権利が生じる。この権利については，売掛金勘定（資産勘定）の借方に記入する。代金を受け取った場合，その権利は消滅するので，売掛金勘定の貸方に記入する。売掛金についてはすでに取引例で出てきている。

　本業で売買している商品以外のものを売って，その代金をまだもらっていない場合，その代金を受け取る権利が生じる。この権利については，未収入金勘定（資産勘定）の借方に記入する。代金を受け取った場合，その権利は消滅するので，未収入金勘定の貸方に記入する。

　商品か商品以外であるかは企業によって異なる。例えば，事務用に使っていたパソコンを中古品として売った場合，商品を売ったわけではない。電気店がパソコンを売った場合，商品を売ったことになる。売ったものが商品か商品以外であるかによって，勘定科目を使い分けなければならない。

　例えば，売買目的で最近購入した A 社株 1,000 株（1 株￥320 で購入）を 1 株￥400 で売却し，代金は月末に受け取ることにした場合，この取引の仕訳を示すと以下のようになる。

　（借方）未　収　入　金　400,000　　　（貸方）売買目的有価証券　320,000

　　　　　　　　　　　　　　　　　　　　　　　有 価 証 券 売 却 益　 80,000

　そして月末に代金を現金で回収した場合，この取引の仕訳を示すと以下のようになる。

　（借方）現　　　金　400,000　　　（貸方）未 収 入 金　400,000

第3節　買掛金と未払金

　本業で売買している商品を買って，その代金をまだ払っていない場合，その代金を支払う義務が生じる。この義務については，買掛金勘定（負債勘定）の貸方に記入する。代金を支払った場合，その義務は消滅するので，買掛金勘定の借方に記入する。買掛金についてはすでに取引例で出てきている。

　本業で売買している商品以外のものを買って，その代金をまだ払っていない場合，その代金を支払う義務が生じる。この義務については，未払金勘定（負債勘定）の貸方に記入する。代金を支払った場合，その義務は消滅するので，未払金勘定の借方に記入する。

　買ったものが商品か商品以外であるかによって，勘定科目を使い分けなければならないのは，売掛金と未収入金の場合と同じである。

　例えば，事務用の机¥150,000を購入し，代金は月末払いとした場合，この取引の仕訳を示すと以下のようになる。

　（借方）備　　　品　150,000　　　（貸方）未 払 金　150,000

　そして月末に代金を現金で支払った場合，この取引の仕訳を示すと以下のようになる。

　（借方）未 払 金　150,000　　　（貸方）現　　　金　150,000

第4節　前払金・前受金

　商品の売買が行われる場合，その商品の受け渡し前に代金の一部が受け払いされることがある。これは内金あるいは手付金として受け払いされる。商品の受け渡し前に，内金あるいは手付金を支払った場合，まだ相手からは何もしてもらっていないので，支払った分の権利が生まれていることになる。これを前払金勘定（資産勘定）の借方に記入する。商品の引き渡しが済めば，権利も消滅するので，前払金勘定の貸方に記入する。手付金として支払った場合には，前払金勘定に代えて支払手付金勘定（資産勘定）を用いることもある。

　商品の受け渡し前に，内金あるいは手付金を受け取った場合，まだ相手には何もしてあげていないので，受け取った分の義務が生まれていることになる。これを前受金勘定（負債勘定）の貸方に記入する。商品の引き渡しが済めば，義務も消滅するので，前受金勘定の借方に記入する。手付金として受け取った場合には，前受金勘定に代えて受取手付金勘定（負債勘定）を用いることもある。

　例えば，B商店はA商店に商品¥300,000を注文し，内金として¥50,000を現金で支払った場合，それぞれの商店におけるこの取引の仕訳を示すと以下のようになる。

＜A商店＞
　　（借方）現　　　　金　50,000　　（貸方）前　受　金　50,000
＜B商店＞
　　（借方）前　払　金　50,000　　（貸方）現　　　　金　50,000

　そしてA商店がB商店に商品を引き渡し，残金については掛けとした場合，それぞれの商店におけるこの取引の仕訳を示すと以下のようになる。

＜Ａ商店＞

　　（借方）前　受　金　50,000　　　（貸方）売　　　　上　300,000
　　　　　　売　掛　金　250,000

＜Ｂ商店＞

　　（借方）仕　　　　入　300,000　　（貸方）前　払　金　50,000
　　　　　　　　　　　　　　　　　　　　　　　買　掛　金　250,000

第5節　立替金・預り金

　立替金については，商品売買の売上諸掛（先方負担）のところですでに取り上げている。その時の相手は取引先であったが，従業員を相手に金銭を一時的に立て替えることもある。金銭を一時的に立て替えて支払った場合，立て替えた分を返してもらう権利が生まれるので，立替金勘定（資産勘定）の借方に記入する。立て替えた分を回収した場合，立替金勘定の貸方に記入する。

　一方，取引先や従業員から金銭を一時的に預った場合，預った分をいつか支払う義務が生まれるので，預り金勘定（負債勘定）の貸方に記入する。預った分を支払った場合，預り金勘定の借方に記入する。

　立替金・預り金で従業員に対するものは従業員立替金・従業員預り金という勘定科目を用いることもある。また，源泉所得税や社会保険料を預かっている場合，所得税預り金，社会保険料預り金という勘定科目を用いることもある。

　例えば，従業員の日用品購入代金¥13,000 を現金で立て替え払いした場合，この取引の仕訳を示すと以下のようになる。

　　（借方）立　替　金　13,000　　（貸方）現　　　　金　13,000

　そして給料¥250,000 を支給するにあたり，所得税源泉徴収額¥21,000 と立替金¥13,000 を差し引き，現金で支払った場合，この取引の仕訳を示すと以下のようになる。

（借方）給　　　　料　250,000　　（貸方）所得税預り金　21,000
　　　　　　　　　　　　　　　　　　　立　替　金　13,000
　　　　　　　　　　　　　　　　　　　現　　　　金　216,000

　その後所得税源泉徴収額¥21,000 を現金で納付した場合，この取引の仕訳を示すと以下のようになる。

（借方）所得税預り金　21,000　　（貸方）現　　　　金　21,000

第6節　仮払金・仮受金

　仮払金・仮受金は現金過不足と同じように一時的に用いる勘定科目である。現金過不足勘定は，現金勘定の残高が，実際に現金を数えて求めた現金の手許有高と一致しない場合，不一致の原因を調べる間，一時的に用いられるものだった。仮払金勘定・仮受金勘定は，誰にいくら払ったとか，誰からいくらもらったということはわかっているが，その内容や最終的な金額がわからない場合，一時的に用いられるものである。仮払金勘定・仮受金勘定は，現金過不足勘定と同様に仮に用いられるものなので，最終的には取り崩されて借方と貸方で同額となり，勘定残高はゼロになる。
　例えば，従業員の出張にあたって旅費の概算額¥40,000 を現金で渡した場合，旅費の最終的な金額はわからないので一時的に仮払金の借方に記入することになる。この取引の仕訳を示すと以下のようになる。

（借方）仮　払　金　40,000　　（貸方）現　　　　金　40,000

　そして，出張中の従業員から当座預金口座に¥50,000 の内容不明の振り込みがあった場合，内容が不明であるので一時的に仮受金の貸方に記入することになる。この取引の仕訳を示すと以下のようになる。

（借方）当 座 預 金　50,000　　（貸方）仮　受　金　50,000

　その後社員が出張から帰り，上記当座振り込みは商品の注文を受けた際の内金であることが判明し，また旅費を精算し，残金の現金¥3,000を受け取った場合，内容や最終的な金額が判明したので，仮払金勘定・仮受金勘定を取り崩して勘定残高をゼロにすることになる。この取引の仕訳を示すと以下のようになる。

（借方）仮　受　金　50,000　　（貸方）前　受　金　50,000

（借方）旅　　　　費　37,000　　（貸方）仮　払　金　40,000
　　　　現　　　　金　 3,000

第7節　受取商品券

　商品券は自分で発行する場合もあるが，他店や自治体が発行した商品券を，商品を販売したときに受け取ることがある。受け取った商品券については，発行した他店や自治体に対して代金を請求できることになる。この権利を受取商品券勘定（資産勘定）の借方に記入することになる。
　例えば，商品¥50,000を売上げ，他店発行の商品券¥40,000を受け取り，残額は現金で受け取った場合，この取引の仕訳を示すと以下のようになる。

（借方）現　　　　金　10,000　　（貸方）売　　　　上　50,000
　　　　受取商品券　40,000

　他店などの発行した商品券について，精算を行って現金等を受け取った場合には，その権利が消滅するので，受取商品券勘定の貸方に記入することになる。
　例えば，他店の発行した商品券¥40,000について，精算を行い，現金を受け

取った場合，この取引の仕訳を示すと以下のようになる。

（借方）現　　　金　40,000　　　（貸方）受取商品券　　40,000

第8節　差入保証金

　土地や建物を借りる場合，地代や家賃の他に敷金や不動産屋への手数料を支払うことがある。地代，家賃，手数料については，それぞれ支払地代勘定，支払家賃勘定，支払手数料勘定という何れも費用勘定の勘定科目で処理する。一方，敷金については，賃借契約を解除したときに返してもらえるので，この権利を差入保証金勘定（資産勘定）の借方に記入することになる。
　例えば，賃借契約を結び，家賃￥100,000と敷金￥100,000と手数料￥50,000を現金で支払った場合，この取引の仕訳を示すと以下のようになる。

（借方）差入保証金　100,000　　　（貸方）現　　　金　250,000
　　　　支 払 家 賃　100,000
　　　　支払手数料　　50,000

　敷金は基本的に賃借契約を解除した場合に返してもらうことになるが，部屋の修繕費等を請求され，その分を差し引かれることがある。
　例えば，賃借契約を解除し，敷金￥100,000から修繕費￥30,000を差し引かれた残金を現金で受け取った場合，この取引の仕訳を示すと以下のようになる。

（借方）現　　　金　70,000　　　（貸方）差入保証金　100,000
　　　　修　繕　費　30,000

64 |

練習問題

問題　次の取引の仕訳を示しなさい。

（1）売買目的で最近購入したB社株2,000株（1株￥480で購入）を1株￥460で売却し，代金は月末に受け取ることにした。

（2）先に月末払いの約束で事務用の書類棚￥185,000を購入していたが，月末になったのでその代金を現金で支払った。

（3）C商店に商品￥280,000を注文し，内金として￥40,000を現金で支払った。

（4）D商店に注文のあった商品￥320,000を引き渡した。代金のうち￥60,000は注文時に受け取った内金を充て，残金については掛けとした。

（5）給料￥275,000を支給するにあたり，所得税源泉徴収額￥22,000と立替金￥7,000を差し引き，現金で支払った。

（6）従業員の出張にあたって，旅費の概算額￥75,000を現金で渡した。

（7）上記（6）の社員が出張から帰り，旅費を精算し，現金￥12,000を受け取った。

（8）出張中の従業員から当座預金口座に￥80,000の内容不明の振り込みがあった。

（9）上記（8）の社員が出張から帰り，上記当座振り込みは売掛金を回収したものと判明した。

（10）商品￥30,000を売り上げ，他店発行の商品券￥28,000を受け取り，残額は現金で受け取った。

第11章　固定資産

第1節　有形固定資産の取得

　固定資産とは，企業が長期間にわたって使用または保有する資産のことである。これに対して流動資産は，短期的に換金できるような資産のことである。固定資産には，権利などを内容とする無形固定資産もあるが，ここでは目に見える物である有形固定資産を取り上げる。

　有形固定資産にはさまざまな種類があり，それぞれの内容に応じた勘定科目が用いられる。商業簿記でよく用いられるものとしては，土地，建物，備品，車両運搬具などがある。土地は，企業がその経営活動で利用する土地について用いられる勘定科目である。建物は，経営活動で利用する建物について用いられる勘定科目である。内容的には，店舗でも事務所でも倉庫でも同じ勘定科目を用いる。備品は，企業の事務や販売の活動をするうえで利用される機器類について用いられる勘定科目である。内容的には，机，椅子，事務機器，陳列棚といったものについて用いられる。車両運搬具は，経営活動で利用する乗用車，トラック，オートバイなどについて用いられる勘定科目である。

　有形固定資産を購入した場合，その内容を表す勘定科目の借方に記入する。この際，有形固定資産本体の価額はもちろんであるが，付随費用がある場合には，その金額も含めた総額を借方に記入することになる。例えば，土地や建物を購入した場合，仲介業者へ仲介手数料を払ったり，登記費用を払ったりすることになる。このような付随費用を含める処理は，商品を仕入れたときの仕入諸掛や有価証券を購入したときの手数料と同様であると思ってもらえればよい。

　例えば，資材置き場にする目的で，土地500m² を 1 m² 当たり ¥12,000 で購入し，仲介手数料 ¥100,000 とともに小切手を振り出して支払った場合，この取引の仕訳を示すと以下のようになる。

（借方）土　　　地　6,100,000　　（貸方）当座預金　6,100,000

第2節　資本的支出と修繕費

　固定資産を取得した後で，その固定資産に関して支出を行うことがある。例えば，建物を購入した後で増改築をすることもある。また車両運搬具を購入した後で点検整備のための支出を行うことがある。こういった支出については，資本的支出とされる場合と修繕費とされる場合がある。どのような場合に資本的支出とされ，どのような場合に修繕費とされるのであろうか。資本的支出とされるのは，その支出によって固定資産の価値を高めたり，耐用年数を延ばしたりするような支出である。一方，修繕費とされるのは，破損箇所の修理や定期的な保守のための支出である。資本的支出とされたものは，支出額を該当する固定資産勘定（具体的には建物勘定など）の借方に記入する。一方，修繕費とされたものは，支出額を修繕費勘定（費用勘定）の借方に記入する。

　　資本的支出：固定資産の価値を高めたり，
　　　　　　　　耐用年数を延ばしたりするような支出
　　　　　　　　　　──→　　固定資産勘定の借方に記入
　　修　繕　費：破損箇所の修理や定期的な
　　　　　　　　保守のための支出
　　　　　　　　　　──→　　修繕費勘定の借方に記入

　例えば，建物の補強工事を行い，代金 ¥1,800,000 は小切手を振り出して支払った場合，この取引の仕訳を示すと以下のようになる。

　（借方）建　　　　物　1,800,000　　（貸方）当　座　預　金　1,800,000

　陳列棚のガラスが破損したので取り換え，代金￥10,000は現金で支払った場合，この取引の仕訳を示すと以下のようになる。

　（借方）修　　繕　　費　　10,000　　（貸方）現　　　　　金　　10,000

第3節　有形固定資産の売却

　有形固定資産については減価償却という手続きがあり，それについては決算整理のところで取り上げる。減価償却する有形固定資産の売却については，そこで触れることにして，ここでは減価償却しない有形固定資産である土地の売却を取り上げる。ただ基本的な考え方は他の有形固定資産の場合も変わらない。

　有形固定資産の売却の処理は，まず売却する有形固定資産の帳簿価額（土地の場合，通常は取得原価）を有形固定資産勘定（土地の場合，土地勘定）の貸方に記入する。そして売却価額と帳簿価額との差額は，帳簿価額より高く売れた場合には固定資産売却益勘定（収益勘定）の貸方に記入し，帳簿価額以下でしか売れなかった場合には固定資産売却損勘定（費用勘定）の借方に記入する。

　例えば，第1節の例の土地500m^{2}を1m^{2}当たり￥13,000で売却し，代金は現金で受け取った場合，この取引の仕訳を示すと以下のようになる。

　（借方）現　　　　　金　6,500,000　　（貸方）土　　　　　地　6,100,000
　　　　　　　　　　　　　　　　　　　　　　　固定資産売却益　　400,000

　この場合利益が出ているが，売却したのが，1m^{2}当たり￥13,000ではなく，￥11,000であったとすると損失が生じる。この場合の仕訳を示すと以下のようになる。

68 |

（借方）現　　　　　金　5,500,000　　　（貸方）土　　　　　地　6,100,000
　　　　固定資産売却損　　600,000

[練習問題]

問題　次の取引の仕訳を示しなさい。

（1）資材置き場にする目的で，土地500m^{2}を1m^{2}当たり￥15,000で購入し，仲介手数料￥200,000とともに小切手を振り出して支払った。

（2）上記（1）の土地500m^{2}のうち250m^{2}を1m^{2}当たり￥15,500で売却し，代金は現金で受け取った。

（3）上記（1）の土地500m^{2}のうち残りの250m^{2}を1m^{2}当たり￥14,000で売却し，代金は現金で受け取った。

（4）建物の増築工事を行い，代金￥5,700,000は小切手を振り出して支払った。

（5）店舗の大改装工事を行い，代金￥4,200,000は小切手を振り出して支払った。

（6）トラックの定期的な整備を行い，代金￥8,000は現金で支払った。

第12章　手　　形

第1節　約束手形

　手形は有価証券の一種であるが，勘定科目としては有価証券勘定を用いることはない。また手形には，約束手形と為替手形という2種類のものがある。どちらの手形の場合も，手形金額を受け取る権利を受取手形勘定（資産勘定）で処理し，手形金額を支払う義務を支払手形勘定（負債勘定）で処理する。

　約束手形は，手形を発行した人（振出人）が手形金額を受け取る人（名宛人）に対して一定の期日に一定の金額を支払うことを約束した証券である。例えば，A商事はB商事から商品¥175,000を仕入れ，代金の支払いのため約束手

形を振り出して渡した場合，Ａ商事は手形金額を支払う義務を負ったことになり，Ｂ商事は手形金額を受け取る権利を得たことになる。

　この取引の仕訳については，Ａ商事は手形金額を支払う義務を負っているので，支払手形勘定（負債勘定）の貸方に記入する。Ｂ商事は手形金額を受け取る権利を得たので，受取手形勘定（資産勘定）の借方に記入する。それぞれの企業の仕訳を示すと以下のようになる。

＜Ａ商事＞

　　（借方）仕　　　　入　175,000　　（貸方）支 払 手 形　175,000

＜Ｂ商事＞

　　（借方）受 取 手 形　175,000　　（貸方）売　　　　上　175,000

　手形の支払期日にＡ商事の当座預金口座からＢ商事の当座預金口座へ手形金額の振り込みが行われた場合，Ａ商事の手形金額を支払う義務は消滅したので，支払手形勘定の借方に記入する。またＢ商事の手形金額を受け取る権利は消滅したので，受取手形勘定の貸方に記入する。それぞれの企業の仕訳を示すと以下のようになる。

＜Ａ商事＞

　　（借方）支 払 手 形　175,000　　（貸方）当 座 預 金　175,000

＜Ｂ商事＞

　　（借方）当 座 預 金　175,000　　（貸方）受 取 手 形　175,000

　約束手形は，小切手に似ていると思うかもしれないが，約束手形の場合，将来の一定の期日に支払期日が設定されている。約束手形を受け取った場合，基本的に，支払期日まで待っていなければ手形金額を受け取ることはできない。

第2節　為替手形

　為替手形は，手形を発行した人（振出人）が，手形金額を受け取る人（指図

人）に一定の期日に一定の金額を支払うことを，手形金額を支払う人（名宛人）に対して依頼した証券である。この場合，手形金額を支払う名宛人に手形金額を支払うことを承諾してもらわなければならない（為替手形の引き受け）。為替手形の引受欄はこの手続きのために必要である。例えば，A商事は，仕入先B商事への買掛金¥190,000の支払いのため，売掛金のある得意先C商事宛の為替手形を振り出し，C商事の引き受けを得て，B商事に渡した場合，B商事は手形金額を受け取る権利を得たことになり，C商事は手形金額を支払う義務を負ったことになる。この場合，A商事には手形金額を受け取る権利も支払う義務もない。

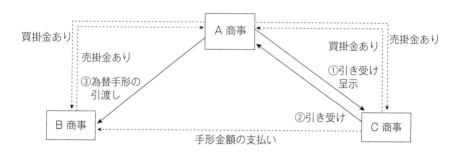

　この取引の仕訳については，Ｃ商事は手形金額を支払う義務を負っているので，支払手形勘定（負債勘定）の貸方に記入する。Ｂ商事は手形金額を受け取る権利を得たので，受取手形勘定（資産勘定）の借方に記入する。それぞれの企業の仕訳を示すと以下のようになる。

＜Ａ商事＞
　　（借方）買　掛　金　190,000　　（貸方）売　掛　金　190,000
＜Ｂ商事＞
　　（借方）受　取　手　形　190,000　　（貸方）売　掛　金　190,000
＜Ｃ商事＞
　　（借方）買　掛　金　190,000　　（貸方）支　払　手　形　190,000

　このように，Ａ商事については手形金額を受け取る権利も支払う義務もないので，受取手形勘定や支払手形勘定は出てこない。手形の支払期日にＣ商事の当座預金口座からＢ商事の当座預金口座へ手形金額の振り込みが行われた場合，Ｃ商事の手形金額を支払う義務は消滅したので，支払手形勘定の借方に記入する。Ｂ商事の手形金額を受け取る権利は消滅したので，受取手形勘定の貸方に記入する。それぞれの企業の仕訳を示すと以下のようになる。

＜Ｂ商事＞
　　（借方）当　座　預　金　190,000　　（貸方）受　取　手　形　190,000
＜Ｃ商事＞
　　（借方）支　払　手　形　190,000　　（貸方）当　座　預　金　190,000

第3節　手形の裏書・割引

　約束手形や為替手形を支払期日まで持っていると手形金額を受け取ることができるが，その前に他人に譲渡して，代金などの支払いに充てる場合がある。手形を譲渡する場合，手形の裏面に譲渡先の相手の名前等を記入することにな

る。このため，このように手形を譲渡することを裏書譲渡という。手形を裏書譲渡した場合，手形金額を受け取る権利は消滅するので，受取手形勘定の貸方に記入する。その手形を受け取った人は，手形金額を受け取る権利を得たことになるので，受取手形勘定の借方に記入する。

　例えば，第1節の例のB商事は，A商事から受け取った約束手形¥175,000を支払期日まで持っていなかったということにして，D商事から商品¥200,000を仕入れた際，代金支払いのためその約束手形を裏書譲渡して，残金は掛けとしたとする。この場合，それぞれの企業の仕訳を示すと以下のようになる。

＜B商事＞
　　（借方）仕　　　入　200,000　　（貸方）受 取 手 形　175,000
　　　　　　　　　　　　　　　　　　　　　　買 掛 金　　25,000
＜D商事＞
　　（借方）受 取 手 形　175,000　　（貸方）売　　　　上　200,000
　　　　　　売 掛 金　　25,000

　いまの例は代金支払い等のための手形の裏書譲渡であるが，手形を所持している人は，支払期日前にその手形を銀行等の金融機関に譲渡して，その代わり現金等を受け取ることがある。この場合，手形金額全額を受け取れるわけではなく，手形の支払期日までの利息分に相当する額（割引料）を差し引かれる。このため，このように手形を譲渡することを手形の割引という。手形を割引いた場合，手形金額を受け取る権利は消滅するので，受取手形勘定の貸方に記入する。また，差し引かれた割引料については，その分だけ損することになるので手形売却損勘定（費用勘定）の借方に記入する。

　例えば，前節の例のB商事は，A商事から受け取った為替手形¥190,000を支払期日まで持っていなかったということにして，銀行で割り引いたとする。この際，割引料¥3,000を差し引かれ，手取金は当座預金とした場合，B商事の仕訳を示すと以下のようになる。

＜B 商事＞

　　（借方）当 座 預 金　187,000　　（貸方）受 取 手 形　190,000

　　　　　　手形売却損　　3,000

第4節　手形貸付金・手形借入金

　約束手形には一定の期日に一定の金額を支払うと記載されているので，金銭
の貸し借りにあたり借用証書の代わりに使われることがある。このような取引
で使われる手形を金融手形といい，前節までで取り上げた商業手形とは区別す
る。借用証書の代わりに約束手形を振り出して金銭を借り入れた場合，手形の
支払期日に手形金額を支払う義務が生まれるが，これは借りた金を返す義務で
あるので，手形借入金勘定または借入金勘定（いずれも負債勘定）の貸方に記入
する。金銭を貸し付けて，借用証書の代わりに約束手形を受け取った場合，手
形の支払期日に手形金額を受け取る権利が生まれるが，これは貸した金を返し
てもらう権利であるので，手形貸付金勘定または貸付金勘定（いずれも資産勘
定）の借方に記入する。

　例えば，A 商事は B 商事から現金¥150,000 を借り入れ，借用証書の代わり
に約束手形を振り出して渡した場合，それぞれの企業の仕訳を示すと以下のよ
うになる。

＜A 商事＞

　　（借方）現　　　　金　150,000　　（貸方）手形借入金　150,000

＜B 商事＞

　　（借方）手形貸付金　150,000　　（貸方）現　　　　金　150,000

　こういった取引の場合，利息分を先に差し引くことがある。この場合，金銭
を借り入れている人は利息を支払うことになるので，支払利息勘定（費用勘定）
の借方に記入する。一方，金銭を貸し付けている人は利息を受け取ることにな

るので，受取利息勘定（収益勘定）の貸方に記入する。

　例えば，借用証書の代わりに約束手形を振り出して，A 商事は B 商事から¥150,000 を借り入れ，利息¥2,000 を差し引かれた手取金は現金で受け取った場合，それぞれの企業の仕訳を示すと以下のようになる。

＜A 商事＞
　　（借方）現　　　金　148,000　　（貸方）手形借入金　150,000
　　　　　　支 払 利 息　　2,000
＜B 商事＞
　　（借方）手形貸付金　150,000　　（貸方）現　　　金　148,000
　　　　　　　　　　　　　　　　　　　　受 取 利 息　　2,000

　金銭が返済されたとき，手形貸付金（債権）と手形借入金（債務）は消滅するので，それぞれ手形借入金勘定の借方と手形貸付金勘定の貸方に記入する。例えば，上記取引の返済が現金で行われた場合，それぞれの企業の仕訳を示すと以下のようになる。

　　＜A 商事＞
　　（借方）手形借入金　150,000　　（貸方）現　　　金　150,000
　　＜B 商事＞
　　（借方）現　　　金　150,000　　（貸方）手形貸付金　150,000

第 5 節　電子記録債権・電子記録債務

　手形は紙が発行されるものであるが，近年，紙を発行せずに債権債務を電子記録化することで，手形と同様な取引を行うことができるようになっている。債券・債務の電子記録は，電子債権記録機関に登録されることになる。債権・債務の登録をする場合，電子債権記録機関に登録の請求を行い，相手方の確認・承諾を経て，登録される。

　債権が登録された場合，電子記録債権（資産勘定）の借方に記入する。債務が登録された場合，電子記録債務（負債勘定）の貸方に記入する。こういった取引は，通常，元の債券・債務（売掛金や買掛金など）から振り替えられるかたちで行われる。

　例えば，A商事はB商事に対して売掛金¥350,000があったので，この債権を電子記録化するため，電子債権記録機関に登録の請求を行い，B商事は，電子債権記録機関からその通知を受けて，その債務について承諾した場合，それぞれの企業の仕訳を示すと，以下のようになる。

　＜A商事＞
　　（借方）電子記録債権　350,000　（貸方）売　　掛　　金　350,000
　＜B商事＞
　　（借方）買　　掛　　金　350,000　（貸方）電子記録債務　350,000

第6節　電子記録債権の譲渡

　所有している紙の手形と同様に，電子記録債権も支払期日前に譲渡することができる。紙の手形の場合，手形の額面金額でしか譲渡できないが，電子記録債権の場合，金額を分割して，一部だけを譲渡するようなことも可能である。

　例えば，第5節のA商事が，C商事に対する買掛金¥120,000を支払うため，電子記録債権の一部を譲渡した場合，この取引の仕訳を示すと以下のようになる。

　（借方）買　　掛　　金　120,000　（貸方）電子記録債権　120,000

　また，紙の手形と同様に，電子記録債権も銀行等の金融機関に譲渡して，金銭を受け取ることもできる。この場合，割引料を差し引いた金額を受け取ることになるのも，紙の手形と同様である。

　例えば，第 5 節の A 商事が，残りの電子記録債権￥230,000 を取引銀行へ譲渡して，￥3,000 差し引かれた残額が当座預金口座に振り込まれた場合，この取引の仕訳を示すと以下のようになる。

（借方）当　座　預　金　227,000　（貸方）電 子 記 録 債 権　230,000
　　　　電子記録債権売却損　　3,000

[練習問題]
　問題　次の取引の仕訳を示しなさい。
　（1）買掛金￥230,000 の支払いのため約束手形を振り出して渡した。
　（2）仕入先東京商事に対する買掛金￥200,000 の支払いのため，売掛金のある得意先埼玉商事宛の為替手形を振り出し，埼玉商事の引き受けを得て渡した。
　（3）買掛金のある仕入先神奈川商事から為替手形￥130,000 の呈示を受け，これを引き受けた。
　（4）先に受け取っていた千葉商事振り出しの約束手形￥220,000 を，仕入先群馬商事に対する買掛金￥300,000 の支払いのため裏書譲渡して，残金は現金で支払った。
　（5）先に受け取っていた栃木商事振り出し茨城商事宛の為替手形￥250,000 を銀行で割り引き，割引料￥5,000 を差し引かれた手取金は当座預金とした。
　（6）取引先の太田商事から現金￥350,000 を借り入れ，借用証書の代わりに約束手形を振り出して渡した。
　（7）借用証書の代わりに約束手形を振り出して，桐生商事から￥240,000 を借り入れ，利息￥4,000 を差し引かれた手取金は現金で受け取った。
　（8）藤岡商事へ￥330,000 を貸し付け，借用証書の代わりに約束手形を受け取った。利息￥5,000 を差し引いた金額を現金で渡した。

78 |

（9）渋川商事に対する買掛金について，電子債権記録機関から電子記録債
務￥180,000 の発生記録の通知を受けたので，これを承諾した。

（10）沼田商事に対する買掛金￥110,000 支払のため，電子記録債権の譲渡
記録を行った。

第13章　株式会社の純資産（資本）と税金

第1節　株式会社の純資産（資本）

　株式会社の場合，会社設立や増資の際に，株主から金銭等の出資を受けた場合，会社の資産が増えるとともに，株主の持ち分も増えることになる。株主の持ち分については純資産（資本）として処理されることになる。この時に用いられる勘定科目は，原則として，全額が，資本金勘定ということになる（最初は，原則的処理のみを覚えておけばよい）。

　例えば，会社設立にあたって，A商事株式会社は，株式1,500株を1株当たり¥20,000で発行し，払込金は現金で受け取った場合，この取引の仕訳を示すと以下のようになる。

　（借方）現　　　金　30,000,000　　　（貸方）資　本　金　30,000,000

　純資産の増減については，商売にかかわる収益・費用は，後述する決算の手続きを経て当期純利益あるいは当期純損失として集計され，最終的には繰越利益剰余金勘定に記入されることになる。これについては，決算の手続きのところで述べる。

　株式会社の純資産（資本）項目については，いろいろなものがあるが，これまで出てきたのは，資本金と繰越利益剰余金である。どちらも株主の持ち分と考えられるものであるが，資本金は株主が払い込んだ持ち分であり，繰越利益剰余金は商売などにより増やした持ち分と考えればよい。

　増やした持ち分である繰越利益剰余金は，配当のようなかたちで処分することがある。配当のような利益処分が決まった場合，株主の持ち分は減少するこ

とになるので，繰越利益剰余金勘定の借方に記入し，配当金を後で払わなけれ
ばならないので，未払配当金という負債勘定の貸方に記入する。また，配当を
行う場合，その10分の1の金額を利益準備金として積み立てることが，会社
法で決まっている。この場合，繰越利益剰余金という勘定科目が，利益準備金
という勘定科目に変わることになる。繰越利益剰余金と利益準備金は，どちら
も純資産（資本）項目であるが，利益準備金の方が処分しにくく，拘束性が高
い。

　例えば，配当金￥500,000払うことと，利益準備金￥50,000積み立てること
が，株主総会で承認された場合，この取引の仕訳を示すと以下のようになる。

（借方）繰越利益剰余金　550,000　（貸方）未 払 配 当 金　500,000
　　　　　　　　　　　　　　　　　　　　　利 益 準 備 金　 50,000

第2節　租税公課勘定で処理される税金

　株式会社は様々な税金を納付しているが，消費者が負担することになる税金
ではなく，会社の負担になる税金で，会社の利益に応じて払うわけでもない税
金は，租税公課勘定（費用勘定）で処理される。具体的にどのような税金があ
るかというと，会社所有の土地や建物にかかる固定資産税，会社が所有する自
動車にかかる自動車税，契約書や領収書に貼る収入印紙を購入して納付する印
紙税などがある。

　例えば，固定資産税￥75,000を現金で納付した場合，この取引の仕訳を示す
と以下のようになる。

（借方）租 税 公 課　75,000　（貸方）現　　　　　金　75,000

　印紙税については，収入印紙を購入した直後で使っていなければ，財産価値
のある資産と考えられないわけではないが，通常，短期間で使って無くなって

しまうと考えられるので，収入印紙を購入した段階で費用として処理することになる。

　例えば，収入印紙¥12,000分を現金で購入した場合，この取引の仕訳を示すと以下のようになる。

　（借方）租　税　公　課　　12,000　　（貸方）現　　　　　金　　12,000

第3節　法人税，住民税及び事業税

　会社の利益に応じて支払うことになる税金として，法人税，住民税及び事業税がある。法人税は国税で，住民税及び事業税は地方税である。いずれも自ら税額を計算し，決算日から2か月以内に確定申告を行い納税する。ただしこれらの税金には中間申告制度があり，半年経過した時点で，その会計年度に係る税金の一部を予定で納税することになる。この中間での納税額は，他の計算方法もあるが，ここでは前年度の税額の半分と考えてもらえればいいであろう。

　法人税，住民税及び事業税は費用であると明確に書いていないこともあるが，税金を払った分だけ純資産は減少するので，税引き後の利益を計算する観点からは，費用と考えるのが自然であろう。したがって，法人税，住民税及び事業税を支払う場合には，法人税，住民税及び事業税勘定（費用勘定）の借方に記入すると考えられる。しかし，中間申告での納税額は，まだ年度途中で確定していないその年度の税額の一部であるので，仮払法人税等という勘定科目を用いて処理することになる。仮払法人税等勘定は，仮に用いられるものなので，その年度の税額が確定した時に，取り崩されることになる。

　例えば，法人税，住民税及び事業税の中間申告を行い，前年度の税額の半分である¥300,000を現金で納付した場合，この取引の仕訳を示すと以下のようになる。

　（借方）仮払法人税等　　300,000　　（貸方）現　　　　　金　　300,000

　その年度終了後，その年度の税額の計算を行い，その年度の税額が決定されると，仮払消費税等は取り崩され，まだ払っていない分は払うことになるのだが，税額を計算しただけで，まだ支払っていなければ，その支払い義務を，未払法人税等勘定（負債勘定）を用いて処理することになる。また，税額が確定したので，仮に用いられるものではなく，本来の勘定科目である法人税，住民税及び事業税勘定の借方に記入する。

　例えば，先ほどの中間で¥300,000 納付した年度の税額が¥700,000 と算定され，これを法人税，住民税及び事業税として計上した場合，この取引の仕訳を示すと以下のようになる。

　　（借方）法人税，住民税及び事業税　700,000　（借方）仮払法人税等　300,000
　　　　　　　　　　　　　　　　　　　　　　　　未払法人税等　400,000

　上記の未払法人税等を現金で支払った場合，この取引の仕訳を示すと以下のようになる。

　　（借方）未 払 法 人 税 等　400,000　（貸方）現　　　　　金　400,000

第4節　消　費　税

　消費税は，消費者が負担する税金であるが，企業は顧客に商品等を販売した時に，代金にプラスして消費税分も受け取ることになるので，これを納税しなければならない。ただし，企業は，商品を仕入れたり，固定資産を購入するときなどに，その代金にプラスして消費税分も支払っている。消費税は，消費者が負担する税金であるので，企業が払った消費税を負担する必要はない。つまり，企業がすでに払っている消費税については，納税するときに差し引くことになる。

　したがって，消費税について，最終的にいくら納付しなければいけないか
は，商品を仕入れたり，売上げたりしたときの時点で決まっていないことにな
る。そこで商品を仕入れて，消費税の分も支払うことになる場合，仮払消費税
勘定を用いることになる。

　例えば，商品￥300,000 を仕入れ，消費税 10% 分も含めて掛とした場合，こ
の取引の仕訳を示すと以下のようになる。

```
（借方）仕　　　入　　300,000　　（貸方）買　掛　金　　330,000
　　　　仮払消費税　　 30,000
```

　商品以外のものを購入するときも，消費税の分を加算して支払うことがある
が，この場合も，仮払消費税勘定を用いることになる。

　例えば，￥250,000 の備品を購入し，消費税 10% 分も含めて現金で支払った
場合，この取引の仕訳を示すと以下のようになる。

```
（借方）備　　　品　　250,000　　（貸方）現　　　金　　275,000
　　　　仮払消費税　　 25,000
```

　また，商品を売り上げて，消費税の分も受け取ることになる場合，仮受消費
税勘定を用いることになる。

　例えば，商品￥350,000 を売上げ，消費税 10% 分も含めて掛とした場合，こ
の取引の仕訳を示すと以下のようになる。

```
（借方）売　掛　金　　385,000　　（貸方）売　　　上　　350,000
　　　　　　　　　　　　　　　　　　　　仮受消費税　　 35,000
```

　決算に際して，仮受消費税の合計額から仮払消費税の合計額を引いた金額を納付しなければならないことが計算される。この納付しなければならない金額は，未払消費税勘定で負債として計上することになる。また，仮払消費税と仮受消費税は，それぞれ取り崩すことになる。

　例えば，決算に際し，仮受消費税¥300,000と仮払消費税¥145,000との差額を未払消費税とすることにした場合，この取引の仕訳を示すと以下のようになる。

（借方）仮受消費税　300,000　（貸方）仮払消費税　145,000
　　　　　　　　　　　　　　　　　　　　未払消費税　155,000

　消費税についても，中間申告をして納付することがある。中間納付額は，その会計年度に払うことになる金額の一部であると考えられるので，支払ったときには，仮払消費税勘定で処理することになる。この中間納付額も，その会計年度の最終的な消費税の納付額を計算するときに差し引くことになる。

　例えば消費税の中間申告を行い，¥250,000を現金で納付した場合，この取引の仕訳を示すと以下のようになる。

（借方）仮払消費税　250,000　（貸方）現　　　金　250,000

練習問題

　問題1　次の取引の仕訳を示しなさい。
　　　　（1）株式会社Aを設立し，1株¥5,000で株式1,000株を発行し，払込金は現金で受け取った。
　　　　（2）配当金¥600,000払うことと，利益準備金¥60,000積み立てることが，株主総会で承認された。
　　　　（3）収入印紙¥5,000分と郵便切手¥3,000分を購入し，現金で支

払った。

（4）固定資産税 35,000 を現金で納付した。

問題2　次の連続した取引の仕訳を示しなさい。

（1）法人税，住民税及び事業税の中間申告を行い，¥180,000 を現金
　　　で支払った。

（2）決算に際して，当期の法人税，住民税及び事業税が，¥370,000
　　　と算定されたので，法人税，住民税及び事業税として計上した。

（3）確定申告を行い，（2）で未払だった金額を現金で納付した。

問題3　次の連続した取引の仕訳を示しなさい。

（1）商品 ¥300,000 を仕入れ，消費税（税率 10%）を含め，掛とし
　　　た。

（2）商品 ¥500,000 を売上げ，消費税（税率 10%）を含め，掛とし
　　　た。

（3）決算に際し，（1）と（2）の取引のみで消費税の納付額を計算し
　　　て，納付すべき額を計上した。

（4）消費税の確定申告を行い，（3）で未払だった金額を現金で納付し
　　　た。

第**14**章　決算整理

第1節　決算整理事項

　1つの会計期間にわたる日常の手続きの記録をもとにして，貸借対照表や損益計算書を作成していく手続きが，決算の手続きである。決算の手続きのうち，試算表の作成についてはすでに見た。試算表は，簿記の日常の手続きが正しく行われたか確かめることを目的として作成される。試算表で日常の手続きが正しく行われたであろうと確認できたとしても，帳簿上の記録が事実と一致しているとは限らない。例えば，固定資産の価値は時の経過などによって減価していると考えられるが，日常の手続きにおいてこれを記帳することはないからである。このため，期末に元帳の記録を修正する手続きが必要になる。この手続きを決算整理という。決算整理を行うのに必要な事項は棚卸表に示される。

　決算整理事項には，さまざまなものがあるが，本章では，売上原価の算定，貸し倒れの見積もり，固定資産の減価償却，有価証券の評価替え，費用・収益の見越しと繰り延べ，貯蔵品の処理といったものを取り上げる。この他に，決算日までに明らかにならなかった現金過不足の処理については，現金過不足のところで取り上げている。なお，本章では期中の取引の仕訳も出てくるので，どれが期末の決算整理仕訳かわかるように，決算整理仕訳については，網かけ文字にしている。

第2節　売上原価の算定

　商品売買のところで見たように，商品¥200,000 を掛けで仕入れたときと商

品を¥300,000 で掛売りしたときの仕訳を示すと以下のようになる（三分法で処理した場合）。

（借方）仕　　　入　200,000　　（貸方）買　掛　金　200,000

（借方）売　掛　金　300,000　　（貸方）売　　　上　300,000

　この仕訳に出てくる売上は収益勘定，仕入は費用勘定ということになる。前述のように，その商品が売れてなくなったことを考えれば，費用が発生したと考えることができる。つまり商品は売れてなくなるということを前提にしていると考えてもよいであろう。したがって商品が売れなくて期末に在庫として残った場合，期末に修正をする必要が出てくる。例えば，上記商品の売買だけで第 1 期末を迎え，商品の在庫を確認した（実地棚卸を行った）ところ，原価¥20,000 分の商品が売れ残っていたとする。商品を仕入れたのは¥200,000 であるから，ここから¥20,000 を引いた¥180,000 分の商品が売れてなくなったことになる。修正をしないと¥200,000 が費用ということになってしまうので，費用の金額を¥20,000 減らす，つまり仕入勘定の貸方に記入することになる。そしてその¥20,000 は期末に残っている商品の金額であるので，繰越商品勘定（資産勘定）の借方に記入しておく。第 1 期末の決算整理仕訳を示すと以下のようになる。

（借方）繰 越 商 品　20,000　　（貸方）仕　　　入　20,000

　いまの例は，期首に商品が残っていなかった場合の例である。次の会計期間になり，また，商品¥350,000 を掛けで仕入れたときと商品を¥450,000 で掛売りしたときの仕訳を示すと以下のようになる。

（借方）仕　　　入　350,000　　（貸方）買　掛　金　350,000

（借方）売　掛　金　450,000　　（貸方）売　　　上　450,000

そしてまた，上記商品の売買だけで第2期末を迎え，商品の在庫を確認した（実地棚卸を行った）ところ，原価¥35,000分の商品が売れ残っていたとする。第1期と違い，第2期の期首には，前期末に売れ残っていた商品¥20,000がある。この商品も当期に仕入れた商品と一緒に売っているはずなので，仕入に含める必要がある。そのため繰越商品勘定の貸方に記入してその残高を取り崩すとともに，仕入勘定の借方に記入する。これで仕入勘定の借方には，期首商品棚卸高と当期仕入高が集計されたことになる。このうち期末に売れ残っている¥35,000分の商品以外の商品が売れてなくなったことになる。売れてなくなった分が費用（売上原価）であるから，仕入勘定の金額を¥35,000減らすとともに，繰越商品勘定の借方に記入しておく。第2期末の決算整理仕訳を示すと以下のようになる。

　（借方）仕　　　　入　20,000　　　（貸方）繰 越 商 品　20,000

　（借方）繰 越 商 品　35,000　　　（貸方）仕　　　　入　35,000

このように期首にも期末にも商品の在庫がある場合には，期首商品棚卸高の金額で（借方）仕入，（貸方）繰越商品という仕訳を行い，期末商品棚卸高の金額で（借方）繰越商品，（貸方）仕入という仕訳を行うことになる。

第3節　貸し倒れの見積もり

売掛金や受取手形は，通常であれば現金等で回収される。しかし取引相手の企業が倒産したりして回収ができなくなることがある。このようなことが起きた場合，貸し倒れが発生したという。貸し倒れが発生すると現金等が入ってこなくなるので，資産価値が失われ，損失が発生する。この損失については，貸倒損失勘定あるいは貸倒償却勘定（いずれも費用勘定）の借方に記入する。

例えば，売掛金¥50,000が貸し倒れた場合，この取引の仕訳を示すと以下のようになる。

（借方）貸 倒 損 失 50,000　　（貸方）売　　掛　　金 50,000

　前期に上記のような処理をした売掛金が，当期になってから一部だけかもしれないが回収される場合がある。このような場合，回収された分だけ損失はなかったことになるが，前期の損失を直接修正することはできない。回収された分は，償却債権取立益勘定（収益勘定）の貸方に記入することになる（損しなかった分得したぐらいに考えておけばよいだろう）。

　例えば，上記の処理をした売掛金の一部 ¥20,000 が次期になってから現金で回収されたとする。この取引の仕訳を示すと以下のようになる。

（借方）現　　　　　金 20,000　　（貸方）償却債権取立益 20,000

　以上の取引は期中の取引である。貸し倒れの見積もりは，期末に売掛金勘定残高（受取手形勘定残高の場合も同様）があるときに問題になる。期末の売掛金勘定残高は，当期に売上（収益）が計上されたことによって存在している。次期になって売掛金が貸し倒れた場合，何もしていないと，その費用は次期に計上されることになる。このような場合，期末に貸し倒れを見積もって費用計上すれば，当期に費用計上されることになる。当期末に費用を見積もり計上した場合，貸倒引当金繰入勘定あるいは貸倒償却勘定（いずれも費用勘定）の借方に記入する。先ほど見たように，実際に売掛金が貸し倒れた場合の貸方勘定科目は売掛金であった。しかし，実際にはまだ貸し倒れは起きていないので，売掛金勘定の代わりに貸倒引当金勘定（この場合，売掛金のマイナスを表す評価勘定）の貸方に記入する。

　例えば，期末の売掛金勘定残高 ¥600,000 に対して 2 ％の貸し倒れを見積もった場合，この仕訳を示すと以下のようになる。

（借方）貸倒引当金繰入 12,000　　（貸方）貸 倒 引 当 金 12,000

　そして次期になって上記売掛金のうち ¥10,000 が貸し倒れた場合，前期末にすでに費用計上しているのでここで貸倒損失という費用を計上することはな

く，売掛金勘定の貸方記録の代わりに使っていた貸倒引当金勘定を取り崩す（借方記入する）ことになる。この仕訳を示すと以下のようになる。

（借方）貸 倒 引 当 金　10,000　　（貸方）売　　掛　　金　10,000

そしてまた次の期末を迎えたとする。上記以外の貸し倒れは発生しておらず，期末の売掛金勘定残高￥800,000 に対して 2％の貸し倒れを見積もったとする。この場合の期末決算整理仕訳のやり方には差額補充法がある。

この場合，貸倒引当金勘定の残高が貸方に￥2,000 ある。これは前期末に￥12,000 の貸し倒れを見積もったのに，実際には￥10,000 しか貸し倒れなかったために出てきたものである。

差額補充法では，期末の貸倒見積額￥16,000 から前期末に費用を多く計上しすぎた分￥2,000 を差し引いた差額の￥14,000 だけ費用計上することになる。この仕訳を示すと以下のようになる。

（借方）貸倒引当金繰入　14,000　　（貸方）貸 倒 引 当 金　14,000

この仕訳の結果として，期末の貸倒引当金勘定残高は￥16,000 になる。

その次の期に前期末の売掛金のうち￥20,000 が貸し倒れた場合，前期末にすでに費用計上している￥16,000 では足りないので，足りない分についてはここで貸倒損失という費用を計上する。この仕訳を示すと以下のようになる。

（借方）貸 倒 引 当 金　16,000　　（貸方）売　　掛　　金　20,000
　　　　貸 倒 損 失　 4,000

また，期末の貸倒引当金勘定の残高よりも期末の貸倒見積額が少ない場合，例えば，先ほどの貸倒引当金勘定の決算整理前の残高は￥2,000 であったが，期末の貸倒見積額は￥16,000 ではなく￥1,500 だったとすると，この貸倒見積額から前期末に費用を多く計上しすぎた分である￥2,000 を差し引くと，マイナス￥500 になる。先ほどと同様の処理をしようとするとマイナスの費用を計上しなければならないが，このような場合には，貸倒引当金戻入勘定という収

益勘定を用いて処理することになる。このような場合の仕訳を示すと以下のようになる。

（借方）貸倒引当金　500　　　　　（貸方）貸倒引当金戻入　500

第4節　固定資産の減価償却

　土地以外の建物，備品，車両運搬具といった有形固定資産は，使用することや時の経過によって価値がなくなっていく（減価する）。資産価値が失われれば，費用が発生することになる。固定資産は長期にわたって利用されるものであり，購入時に全額費用とするわけにもいかない。そこで固定資産の利用可能な期間に費用配分をする手続きが必要になる。この手続きを減価償却という。

　費用として各期間に配分すべき額の計算方法としては，さまざまなものがあるが，簡単なのは定額法である。この方法では，費用（減価償却費）の額が毎期一定額になるので，定額法という。定額法の計算式を示すと以下のようになる。

$$減価償却費 = \frac{取得原価 - 残存価額}{耐用年数}$$

　取得原価は付随費用を含めた額であり，耐用年数は利用可能な期間を見積もったものである。残存価額は耐用年数が経過した時点での価値を見積もったもので，ゼロの場合もある。例えば，ある会計期間の期首に備品 ¥200,000 を購入したとして，期末に費用計上する額は，残存価額が取得原価の 10% で，耐用年数が 5 年とすると以下のように計算される。

$$減価償却費 = \frac{200,000 - 20,000}{5} = 36,000$$

　この¥36,000 は 5 年間同じである。計算された減価償却費を記帳していくことになるが，記帳方法として，直接法と間接法がある。

　直接法では，計算された金額を減価償却費勘定（費用勘定）の借方に記入するとともに，その分だけ固定資産（この場合は備品）の価値が減るということで，固定資産勘定（この場合は備品勘定）の貸方に記入する。上記備品について直接法による決算整理仕訳を示せば，次のようになる。

　（借方）減　価　償　却　費　36,000　　（貸方）備　　　　　　品　36,000

　間接法では，計算された金額を減価償却費勘定（費用勘定）の借方に記入するのは同じであるが，固定資産勘定の貸方に直接記入する代わりに，減価償却累計額勘定（この場合は備品のマイナスを表す評価勘定）の貸方に記入する。上記備品について間接法による決算整理仕訳を示せば，次のようになる。

　（借方）減　価　償　却　費　36,000　　（貸方）備品減価償却累計額　36,000

　このように固定資産の内容によって，それぞれ備品減価償却累計額，建物減価償却累計額といった勘定科目を用いることもある。

　なお月次で決算を行っている場合，年間の減価償却費の 1/12 を月末に費用計上することになる。

　減価償却の手続きを行った固定資産を売却した場合，どういう仕訳が行われることになるであろうか。例えば，上記備品を 2 年使った後 3 年目の期首に¥150,000 で売却し，代金は現金で受け取ったとする。減価償却の記帳を直接法で行っている場合，2 年分の減価償却費の額¥72,000 が備品勘定の貸方に記入されていることになるので，備品の勘定残高は，借方の¥200,000 から¥72,000 を引いて¥128,000（これを帳簿価額という）の借方残高ということになる。この備品がなくなるので備品勘定の貸方に帳簿価額を記入する。また売却価額の¥150,000 との差額は，帳簿価額よりも高く売れているので，固定資産売却益勘定（収益勘定）の貸方に記入する。この仕訳を示すと以下のようになる。

（借方）現　　　　　　　金　150,000（貸方）備　　　　　　　品　128,000
　　　　　　　　　　　　　　　　　　　　固 定 資 産 売 却 益　 22,000

　減価償却の記帳を直接法ではなく間接法で行っていた場合は，どうなるであろうか。この場合，備品の取得原価は備品勘定の借方に記入されていて，2 年分の減価償却費の額¥72,000 は備品減価償却累計額勘定の貸方に記入されていることになる。この 2 つの勘定科目がペアーになって備品の状態を表している。

備　　品		備品減価償却累計額	
200,000			72,000

　この備品がなくなってしまうので備品勘定の貸方と備品減価償却累計額勘定の借方に記入することでそれぞれの金額を取り崩す。差額は，直接法の場合と同様に，固定資産売却益勘定（収益勘定）の貸方に記入する。この仕訳を示すと以下のようになる。

（借方）現　　　　　　　金　150,000（貸方）備　　　　　　　品　200,000
　　　　備品減価償却累計額　 72,000　　　固 定 資 産 売 却 益　 22,000

　いまのは帳簿価額よりも高く売れた場合の例であるが，帳簿価額よりも安くしか売れなかった場合には，損することになり，差額を固定資産売却損勘定（費用勘定）の借方に記入する。上記備品の売却価額が¥150,000 ではなく，¥110,000 であったとすると，直接法の場合と間接法の場合で，それぞれ次のような仕訳をすることになる。

＜直接法の場合＞
（借方）現　　　　　　　金　110,000（貸方）備　　　　　　　品　128,000
　　　　固 定 資 産 売 却 損　 18,000

＜間接法の場合＞

（借方）現　　　　　　金　110,000　（貸方）備　　　　　　品　200,000
　　　　　備品減価償却累計額　72,000
　　　　　固定資産売却損　18,000

第5節　有価証券の評価替え

　売買目的有価証券を購入したとき，取得原価で売買目的有価証券勘定の借方に記入した。この時点で売買目的有価証券の帳簿価額は取得原価ということになる。しかし，有価証券の時価は変動していて，会計期間の期末には，一般的に有価証券の取得原価と時価は異なっている。売買目的有価証券の期末の資産としての評価は時価で行うことになっている。このため期末の有価証券の時価が取得原価より高くなっている場合には，売買目的有価証券の帳簿価額を増額するとともに，有価証券評価益勘定（収益勘定）の貸方に記入する。

　例えば，期中に売買目的で1,000株（1株¥300）購入したＺ社株の期末時価が1株¥370であった場合，¥370,000と¥300,000との差額の¥70,000分だけ，売買目的有価証券の帳簿価額を増額することになる。この仕訳を示すと以下のようになる。

　（借方）売買目的有価証券　70,000　（貸方）有価証券評価益　70,000

　一方，期末の有価証券の時価が取得原価より低くなっている場合には，売買目的有価証券の帳簿価額を減額するとともに，有価証券評価損勘定（費用勘定）の借方に記入する。

　例えば，上記Ｚ社株の期末時価が1株¥370ではなく，1株¥290であった場合，¥290,000と¥300,000との差額の¥10,000分だけ，売買目的有価証券の帳簿価額を減額することになる。この仕訳を示すと以下のようになる。

　（借方）有価証券評価損　10,000　（貸方）売買目的有価証券　10,000

第6節　費用・収益の見越しと繰り延べ

　費用・収益の見越しと繰り延べは，一般的に，時の経過に比例してサービスを提供したり，サービスの提供を受けたりする場合に必要になる。時の経過に比例してサービスを提供するとは，例えば，部屋を貸した場合，1カ月より2カ月貸した方が2倍サービスを提供したことになるというようなことである。こういったものについては，現金を受け取ったとか，支払ったということとは離れて，サービスを提供したときに収益を計上して，サービスを消費したときに費用が計上されるべきと考えられている。時の経過に比例してサービスを提供したり，サービスの提供を受けたりする場合とは，主に，家賃，地代，利息，保険料等が料金として発生する場合である。

　費用の見越しは，サービスを消費しているのに，現金等を支払っていないため費用計上されていないものを，費用として追加計上する手続きである。この場合，サービスは受けているのに支払いはまだということになるので負債が生まれている。この負債は，未払費用勘定（通常，内容により未払家賃勘定，未払利息勘定等を使う。いずれも負債勘定）の貸方に記入する。

　例えば，10月1日に現金¥1,000,000を借り入れたとする（借入期間1年，利率年4％）。返済日に利息を払う約束になっていると，決算日の12月31日には利息をまだ払っていないことになる。しかしすでに3カ月間にわたって借りた現金を使わせてもらっている。つまり3カ月分のサービスは消費しているので，支払利息勘定の借方に記入することで費用計上しなければならない。そして未払利息勘定の貸方にも記入する。

　3カ月分の利息は月割りで計算すると（厳密には日割りで計算する），1年分の利

息は借入額￥1,000,000の4%で￥40,000であり，その12分の3ということで￥10,000であるので，仕訳を示すと以下のようになる。

（借方）支 払 利 息　　10,000　　（貸方）未 払 利 息　　10,000

　費用の見越しを行った場合，翌期首に再振替仕訳をする必要がある。再振替仕訳は上記仕訳の反対になる。

（借方）未 払 利 息　　10,000　　（貸方）支 払 利 息　　10,000

　この仕訳は，9月30日に利息1年分を支払うときに全額費用として処理するならば，前期にすでに費用とした分は引いておかなければならないため必要になる。

　収益の見越しは，サービスを提供しているのに，現金等を受け取っていないため収益計上されていないものを，収益として追加計上する手続きである。この場合，サービスは提供しているのにまだ収入がないということになるので資産が生まれている。この資産は，未収収益勘定（通常，内容により未収家賃勘定，未収利息勘定等を使う。いずれも資産勘定）の借方に記入する。

　例えば，先程の例の現金￥1,000,000を貸している立場で考えてみる。返済日に利息をもらう約束になっていると，決算日の12月31日には利息をまだもらっていないことになる。しかしすでに3カ月間にわたって貸した現金を使わせてあげている。つまり3カ月分のサービスは提供しているので，受取利息勘定の貸方に記入することで収益計上しなければならない。そして未収利息勘定の借方にも記入する。

　利息の計算については先程と同じであり，仕訳を示すと以下のようになる。

（借方）未 収 利 息　　10,000　　（貸方）受 取 利 息　　10,000

　収益の見越しを行った場合，翌期首に再振替仕訳をする必要がある。再振替仕訳は上記仕訳の反対になる。

（借方）受 取 利 息　　10,000　　（貸方）未 収 利 息　　10,000

　この仕訳は，9月30日に利息1年分を受け取るときに全額収益として処理するならば，前期にすでに収益とした分は引いておかなければならないため必要になる。

　費用の繰り延べは，まだサービスを消費していないのに，すでに現金等を支払っているため，支払時に費用計上されたものを，費用から控除する手続きである。この場合，サービスは受けていないのに支払いはすでに済んでいることになるので資産が生まれている。この資産は，前払費用勘定（通常，内容により前払家賃勘定，前払地代勘定等を使う。いずれも資産勘定）の借方に記入する。

　例えば，9月1日に半年分の事務所の家賃¥300,000を現金で支払ったとすると，次のような仕訳がされる。

（借方）支 払 家 賃　　300,000　　（貸方）現　　　金　　300,000

　決算日の12月31日までに4カ月間事務所を使わせてもらっているので，その分のサービスは消費している。しかしあと2カ月分の家賃も支払っているが，その分のサービスはまだ消費していない。つまり2カ月分のサービスは消費していないので，支払家賃勘定の貸方に記入することで費用から控除しなければならない。そして前払家賃勘定の借方にも記入する。

　2カ月分の家賃は，半年分の家賃¥300,000の6分の2ということで¥100,000

であるので，仕訳を示すと以下のようになる。

　（借方）前 払 家 賃　100,000　　（貸方）支 払 家 賃　100,000

　費用の繰り延べを行った場合，翌期首に再振替仕訳をする必要がある。再振替仕訳は上記仕訳の反対になる。

　（借方）支 払 家 賃　100,000　　（貸方）前 払 家 賃　100,000

　この仕訳は，新たに始まった期間において，残りの２カ月についても事務所を使わせてもらうことになり，サービスを消費するので，費用計上するため必要になる。

　収益の繰り延べは，まだサービスを提供していないのに，すでに現金等を受け取っているため，受取時に収益計上されたものを，収益から控除する手続きである。この場合，サービスは提供していないのにすでに収入はあることになるので負債が生まれている。この負債は，前受収益勘定（通常，内容により前受家賃勘定，前受地代勘定等を使う。いずれも負債勘定）の貸方に記入する。

　例えば，先程の例の事務所を貸している立場で考えてみる。９月１日に半年分の家賃を受け取ったとき，次のような仕訳がされる。

　（借方）現　　　　金　300,000　　（貸方）受 取 家 賃　300,000

　決算日の12月31日までに４カ月間事務所を使わせてあげているので，その分のサービスは提供している。しかしあと２カ月分の家賃も受け取っているが，その分のサービスはまだ提供していない。つまり２カ月分のサービスは提供していないので，受取家賃勘定の借方に記入することで収益から控除しなければならない。そして前受家賃勘定の貸方にも記入する。

計算については先程と同じであり，仕訳を示すと以下のようになる。

（借方）受 取 家 賃　100,000　　（貸方）前 受 家 賃　100,000

収益の繰り延べを行った場合，翌期首に再振替仕訳をする必要がある。再振替仕訳は上記仕訳の反対になる。

（借方）前 受 家 賃　100,000　　（貸方）受 取 家 賃　100,000

この仕訳は，新たに始まった期間において，残りの2カ月についても事務所を使わせてあげることになり，サービスを提供するので，収益計上するため必要になる。

第7節　貯 蔵 品

事務活動等において短期的に消費されるもの（紙やペンなど）は，消耗品である。消耗品は短期的に消費してしまうものであるので，通常，購入した時に，もう消費したものとして消耗品費勘定（費用勘定）の借方に記入する。

例えば，消耗品¥30,000を現金で購入した場合，この取引の仕訳を示すと以下のようになる。

（借方）消 耗 品 費　30,000　　（貸方）現　　　　金　30,000

期末に未使用の消耗品がある場合，厳密に考えれば，それは消費していないので，費用ではなく，財産価値のある資産と考えることができる。しかし，通常，特に修正をすることはない。

一方，郵便切手や収入印紙を購入した場合，これらも短期的に消費してしまうものであるので，購入した時に，それぞれ通信費勘定（費用勘定），租税公課勘定（費用勘定）の借方に記入することになる。

例えば，郵便切手¥20,000分と収入印紙¥35,000分を現金で購入した場合，この取引の仕訳を示すと以下のようになる。

（借方）通　信　費　20,000　（貸方）現　　　　金　55,000
　　　　租 税 公 課　35,000

　期末に未使用の郵便切手や収入印紙がある場合，これらのものは金券ショップ等で容易に換金できるものであるので，厳密に考え，未使用分は資産とする（貯蔵品勘定を用いる）。
　例えば，期末に未使用の郵便切手¥3,000分と収入印紙¥5,000分がある場合，この取引の仕訳を示すと以下のようになる。

（借方）貯　蔵　品　8,000　（貸方）通　信　費　　3,000
　　　　　　　　　　　　　　　　　　租 税 公 課　　5,000

　上記のような貯蔵品勘定への振替えを行った場合，翌期首に再振替仕訳をする必要がある。再振替仕訳は上記仕訳の反対になる。

（借方）通　信　費　　3,000　（貸方）貯　蔵　品　　8,000
　　　　租 税 公 課　　5,000

　この仕訳は，新たに始まった期間において，前期末に未使用だった分もその期間に新たに購入した分も消費することになるので，費用計上するため必要になる。

第8節　棚 卸 表

　前述のように，決算整理を行うのに必要な事項は棚卸表に示される。売上原価の算定と固定資産の減価償却にかかわる棚卸表の例は以下のようなものである。

棚 卸 表

令和○年12月31日

勘定科目	摘　　要	内　訳	金　額
繰越商品	イ商品　50個　@¥800	40,000	
	ロ商品　60個　@¥400	24,000	64,000
備　　品	机・椅子　　取得原価	200,000	
	減価償却累計額　　¥72,000		
	当期減価償却額　　¥36,000	108,000	92,000

(練習問題)

問題1　次の取引の仕訳を示しなさい。

（1）決算にあたり，取得原価¥800,000，残存価額¥80,000，耐用年数5年の車両運搬具について減価償却を行った。ただし計算方法は定額法，記帳方法は間接法によること。

（2）決算にあたり，売買目的で保有している帳簿価額¥650,000のX社株を時価に評価替えする。X社株の時価は1株¥620で，1,000株保有している。

（3）決算にあたり，家賃の前受分¥53,000を繰り延べた。

（4）決算にあたり，当期の地代の未払分¥25,000を見越し計上した。

（5）決算にあたり，郵便切手¥4,000分と収入印紙¥3,500分が未使用であった。

問題2　次の連続した取引の仕訳を示しなさい。

（1）第1期の決算にあたり，売掛金期末残高¥500,000に対して3%の貸し倒れを見積もった。

（2）第2期になり，上記売掛金のうち¥12,000が貸し倒れた。

（3）第2期の決算にあたり，売掛金期末残高¥700,000に対して3%の貸し倒れを見積もった。ただし差額補充法によること。

第 15 章 精 算 表

第 1 節　6 桁精算表

　精算表は，残高試算表から損益計算書，貸借対照表に至るプロセスを一覧表にしたものであり，決算の流れを理解するのに適している。精算表には決算整理（期末の修正）を行う必要のない場合に用いられる 6 桁精算表と決算整理（期末の修正）を行う必要のある場合に用いられる 8 桁精算表がある。

　6 桁精算表には，残高試算表欄，損益計算書欄，貸借対照表欄があり，それぞれの欄に借方と貸方があるので，全部で 6 つの欄がある。

　6 桁精算表では，まず残高試算表欄に残高試算表を作成する。第 6 章で見たように残高試算表から収益と費用を取り出せば損益計算書を作成でき，資産，負債，純資産（資本）を取り出せば貸借対照表を作成することができる（決算整理を行う必要のない場合）。このプロセスを一覧表にしたのが 6 桁精算表であり，その仕組みを図で表すと以下のようになる。

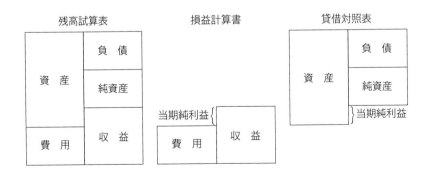

　このように6桁精算表では残高試算表の収益，費用については，そのまま損益計算書欄に書き写す。また資産，負債，純資産（資本）については，そのまま貸借対照表欄に書き写す。そうすると，損益計算書欄，貸借対照表欄それぞれの借方合計額と貸方合計額とに差額が出る。この差額は当期純利益（または当期純損失）であるので，当期純利益（または当期純損失）という項目を加え，損益計算書欄，貸借対照表欄それぞれの合計額の少ない側に書き入れ，借方合計額と貸方合計額が一致することを確認して締め切る。

　第6章第3節の東京商店の残高試算表をもとに6桁精算表を作成すると以下のようになる。

精　算　表
令和〇年5月31日

勘定科目	残高試算表		損益計算書		貸借対照表	
	借　方	貸　方	借　方	貸　方	借　方	貸　方
現　　　金	340,000				340,000	
売　掛　金	500,000				500,000	
商　　　品	70,000				70,000	
土　　　地	800,000				800,000	
借　入　金		200,000				200,000
資　本　金		1,000,000				1,000,000
繰越利益剰余金		500,000				500,000
商品売買益		220,000		220,000		
受　取　地　代		20,000		20,000		
給　　　料	180,000		180,000			
支　払　家　賃	50,000		50,000			
当期純利益			**10,000**			10,000
	1,940,000	1,940,000	240,000	240,000	1,710,000	1,710,000

第2節　8桁精算表の作成

　8桁精算表には，残高試算表欄，整理記入欄（修正記入欄という場合もある），損益計算書欄，貸借対照表欄があり，それぞれの欄に借方と貸方があるので，全部で8つの欄がある。

　8桁精算表では，まず残高試算表欄に残高試算表を作成する。8桁精算表の場合，決算整理を行う必要があるので，整理記入欄に決算整理仕訳を記入する。残高試算表にない勘定科目が決算整理仕訳で出てきた場合，勘定科目を下に書き加えて記入する。そして，収益と費用を取り出せば，損益計算書ができる。ただし決算整理で修正された後の収益勘定，費用勘定の金額を損益計算書欄に書き写すことになる。金額の修正は勘定記入のルールに従って行われる。例えば，決算整理仕訳で費用科目の借方に記入があった場合，それは費用の発生を意味するので，その分を修正前の費用科目の残高の金額に加えて修正後の金額にする。また，残高試算表の資産と負債と純資産（資本）を取り出せば，貸借対照表ができる。損益計算書欄と同様に，決算整理で修正された後の資産勘定，負債勘定，純資産勘定（資本勘定）の金額を貸借対照表欄に書き写すことになる。金額の修正は勘定記入のルールに従って行われる。例えば，決算整理仕訳で資産科目の借方に記入があった場合，それは資産の増加を意味するので，その分を修正前の資産科目の残高の金額に加えて修正後の金額にする。そうすると，損益計算書欄，貸借対照表欄それぞれの借方合計額と貸方合計額とに差額が出る。決算整理仕訳も仕訳であるので貸借の平均は保たれ，損益計算書欄，貸借対照表欄それぞれの差額は等しい。この差額は当期純利益（または当期純損失）であるので，当期純利益（または当期純損失）という項目を加え，損益計算書欄，貸借対照表欄それぞれの合計額の少ない側に書き入れ，借方合計額と貸方合計額が一致することを確認して締め切る。

第3節　8桁精算表記入例

　ここでは設例を用いて，8桁精算表を完成させてみる。残高試算表は残高試算表欄に記入されていて，以下の決算整理事項があったとする。

＜決算整理事項＞

① 売掛金の期末残高に対して2%の貸し倒れを見積もる。ただし差額補充法による。

② 備品の残存価額は取得原価の10%，耐用年数は5年とする。この備品について定額法で減価償却を行う。

③ 期末商品棚卸高は，¥80,000である。

④ 郵便切手の期末未消費高は，¥3,000である。

⑤ 支払利息の未払い分が¥1,000ある。

　①から⑤までの決算整理仕訳は以下のようになる（決算整理仕訳については前章参照）。

① （借方）貸倒引当金繰入　5,000　　（貸方）貸 倒 引 当 金　5,000

② （借方）減 価 償 却 費　36,000　（貸方）減価償却累計額　36,000

③ （借方）仕　　　　　入　70,000　（貸方）繰 越 商 品　70,000

　　　　　繰 越 商 品　80,000　　　　　　仕　　　　　入　80,000

④ （借方）貯 　 蔵 　 品　3,000　　（貸方）通 　 信 　 費　3,000

⑤ （借方）支 払 利 息　1,000　　（貸方）未 払 利 息　1,000

　この決算整理仕訳をそのまま整理記入欄に記入する。ただし①の貸倒引当金繰入のように残高試算表にない勘定科目が決算整理仕訳で出てきた場合，勘定科目を下に書き加えて記入する。後は決算整理で修正された後の収益勘定，費用勘定の金額を損益計算書欄に書き写し，決算整理で修正された後の資産勘

定，負債勘定，純資産勘定（資本勘定）の金額を貸借対照表欄に書き写すこと
になる。例えば，繰越商品勘定について見れば，もともと¥70,000の残高だっ
たところに¥80,000増やして¥70,000減らすという修正が入っているので，修
正後の金額は¥80,000になる。この¥80,000を繰越商品勘定は資産勘定なので

精 算 表
令和○年12月31日

勘定科目	残高試算表		整理記入		損益計算書		貸借対照表	
	借 方	貸 方	借 方	貸 方	借 方	貸 方	借 方	貸 方
現　　　金	388,000						388,000	
売 　掛　 金	350,000						350,000	
貸 倒 引 当 金		2,000		①5,000				7,000
繰 越 商 品	70,000		③80,000	③70,000			80,000	
備　　　品	200,000						200,000	
減価償却累計額		72,000		②36,000				108,000
土　　　地	800,000						800,000	
買 　掛　 金		250,000						250,000
借 　入　 金		200,000						200,000
資 　本　 金		1,000,000						1,000,000
繰越利益剰余金		250,000						250,000
売　　　上		920,000				920,000		
受 取 地 代		20,000				20,000		
仕　　　入	700,000		③70,000	③80,000	690,000			
給　　　料	180,000				180,000			
通 　信　 費	24,000			④3,000	21,000			
支 払 利 息	2,000		⑤1,000		3,000			
貸倒引当金繰入			①5,000		5,000			
減 価 償 却 費			②36,000		36,000			
貯 　蔵　 品			④3,000				3,000	
未 払 利 息				⑤1,000				1,000
当期純利益					**5,000**			5,000
	2,714,000	2,714,000	195,000	195,000	940,000	940,000	1,821,000	1,821,000

貸借対照表欄の借方に記入する。他の修正が入っている科目についても同様に修正後の金額を求めて記入していく。そうするとこの場合，損益計算書欄，貸借対照表欄それぞれの借方合計額と貸方合計額とに¥5,000の差額が出る。この差額は当期純利益（収益合計が費用合計よりも多額なので）であるので，当期純利益という項目を加え，損益計算書欄，貸借対照表欄それぞれの合計額の少ない側に書き入れ，借方合計額と貸方合計額が一致することを確認して締め切る。

[練習問題]

　問題　次の決算整理事項に基づいて精算表を完成させなさい。

　　　＜決算整理事項＞
　　　①　期末商品棚卸高は，¥130,000である。
　　　②　売掛金の期末残高に対して4％の貸し倒れを見積もる。ただし差額補充法による。
　　　③　備品の残存価額は取得原価の10％，耐用年数は10年とする。この備品について定額法で減価償却を行う。
　　　④　支払家賃の前払い分が¥4,000ある。
　　　⑤　売買目的有価証券の時価は，¥130,000である。

精　算　表
令和×年 12 月 31 日

勘定科目	残高試算表		整理記入		損益計算書		貸借対照表	
	借　方	貸　方	借　方	貸　方	借　方	貸　方	借　方	貸　方
現　　　　金	399,000							
売　掛　金	380,000							
貸倒引当金		5,000						
売買目的有価証券	150,000							
繰越商品	100,000							
備　　　品	300,000							
減価償却累計額		81,000						
買　掛　金		120,000						
借　入　金		100,000						
資　本　金		800,000						
繰越利益剰余金		200,000						
売　　　上		1,180,000						
仕　　　入	950,000							
給　　　料	154,000							
支払家賃	52,000							
支払利息	1,000							
貸倒引当金繰入								
減価償却費								
前払家賃								
（　　　　）								
（　　　　）								
	2,486,000	2,486,000						

第16章　帳簿の締め切り

第1節　帳簿の締め切りの流れ（英米式）

　8桁精算表を作成すると，損益計算書欄，貸借対照表欄にそれぞれ損益計算書と貸借対照表にあたるものができるが，帳簿上正式な決算の手続きが存在するので以下で解説する。15章までのところで試算表の作成と決算整理については解説してある。決算整理が終わると，損益勘定を設け，収益勘定，費用勘定の勘定残高を振り替える手続きが行われる。これにより当期純利益（または当期純損失）の金額が明らかになる。当期純利益（または当期純損失）は，企業の経営活動による純資産（資本）の純粋な増加額（または減少額）であるので，純資産（資本）勘定である繰越利益剰余金勘定へ振り替える手続きがそれに続いて行われる。そして，元帳が締め切られる。元帳の締め切り方には，大陸式と英米式があるが，ここでは一般的な英米式だけ解説する。その後，繰越試算表を作成する。そして損益勘定をもとに損益計算書を作成し，繰越試算表をもとに貸借対照表を作成する。以下では設例を用いてこのプロセスを見ていくことにする。

第2節　試算表の作成と決算整理（設例）

　試算表の作成と決算整理については解説してあるが，以下のような例で確認する。令和〇年5月1日に開業した高崎商事は5月31日に決算を行うことになったとする。各勘定口座の記録が以下の通りであり，決算整理事項も以下の通りであったとする。

```
            現   金                           売   上
5/ 1 資本金 700,000 │5/ 2 仕   入 350,000          │5/ 7 売掛金 500,000
5/ 6 借入金 200,000 │5/15 給   料 180,000
5/20 受取地代 20,000 │5/31 支払家賃  50,000

            売 掛 金                          受取地代
5/ 7 売   上 500,000 │                         │5/20 現   金 20,000

            土   地                           仕   入
5/ 1 資本金 800,000 │                   5/ 2 現   金 350,000 │

            借 入 金                          給   料
                  │5/ 6 現   金 200,000   5/15 現   金 180,000 │

            資 本 金                          支払家賃
                  │5/ 1 諸   口1,500,000  5/31 現   金 50,000 │
```

<決算整理事項>

① 期末商品棚卸高は，¥70,000 である。

② 支払利息の未払い分が¥1,000 ある。

この場合，5月31日時点での合計残高試算表と決算整理仕訳は次のようになる。

合計残高試算表

令和○年5月31日

借　方		勘定科目	貸　方	
残　　高	合　　計		合　　計	残　　高
340,000	920,000	現　　　　　金	580,000	
500,000	500,000	売　　掛　　金		
800,000	800,000	土　　　　　地		
		借　　入　　金	200,000	200,000
		資　　本　　金	1,500,000	1,500,000
		売　　　　　上	500,000	500,000
		受　取　地　代	20,000	20,000
350,000	350,000	仕　　　　　入		
180,000	180,000	給　　　　　料		
50,000	50,000	支　払　家　賃		
2,220,000	2,800,000		2,800,000	2,220,000

＜決算整理仕訳＞

①　（借方）繰越商品　70,000　　（貸方）仕　　　入　70,000

②　（借方）支払利息　　1,000　　（貸方）未払利息　　1,000

　この場合，開業したばかりで期首の商品棚卸高はないので，①のような仕訳になる。決算整理仕訳を転記すると次のようになる。

現　　金	
5/ 1 資本金 700,000	5/ 2 仕　　入 350,000
5/ 6 借入金 200,000	5/15 給　　料 180,000
5/20 受取地代 20,000	5/31 支払家賃 50,000

売　　上	
	5/ 7 売 掛 金 500,000

売 掛 金	
5/ 7 売　　上 500,000	

受取地代	
	5/20 現　　金 20,000

```
            土      地                              仕      入
5/ 1 資本金 800,000                 5/ 2 現   金 350,000  5/31 繰越商品  70,000


            借 入 金                              給      料
          5/ 6 現   金 200,000       5/15 現   金 180,000


            資 本 金                              支払家賃
          5/ 1 諸   口 1,500,000     5/31 現   金  50,000


            繰越商品                              支払利息
5/31 仕   入  70,000                 5/31 未払利息   1,000


            未払利息
          5/31 支払利息   1,000
```

第3節　損益勘定への振り替え

　売上などの収益勘定の勘定残高は貸方に出てくる。仕入などの費用勘定の勘定残高は借方に出てくる。損益勘定を設け，収益については損益勘定の貸方に振り替え，費用については損益勘定の借方に振り替える。こうすることで損益勘定の貸借差額が当期純利益（または当期純損失）ということになる。設例についての損益勘定への振替仕訳および関連する勘定口座への転記を示すと，以下のようになる。

　（借方）売　　　上　500,000　　（貸方）損　　　益　520,000
　　　　　受 取 地 代　 20,000

（借方）損　　　　益　511,000　　（貸方）仕　　　　入　280,000

給　　　　料　180,000

支 払 家 賃　　50,000

支 払 利 息　　 1,000

	仕　　　入				売　　　上	
5/ 2 現　　金 350,000	5/31 繰越商品　70,000		5/31 損　　益 500,000	5/ 7 売 掛 金 500,000		
	5/31 損　　益 280,000					

	給　　　料				受取地代	
5/15 現　　金 180,000	5/31 損　　益 180,000		5/31 損　　益　20,000	5/20 現　　金　20,000		

	支払家賃				損　　　益	
5/31 現　　金　50,000	5/31 損　　益　50,000		5/31 仕　　入 280,000	5/31 売　　上 500,000		
			5/31 給　　料 180,000	5/31 受取地代　20,000		
支払利息			5/31 支払家賃　50,000			
5/31 未払利息　1,000	5/31 損　　益　1,000		5/31 支払利息　 1,000			

　損益勘定をもとにして損益計算書を作成するので，損益勘定への転記は，諸口とせずに相手勘定ごとに行われる。

第4節　繰越利益剰余金勘定への振り替え

　損益勘定の貸借差額は当期純利益（または当期純損失）であり，それは企業の経営活動による純資産（資本）の純粋な増加額（または減少額）であるので，会社の場合，純資産（資本）勘定である繰越利益剰余金勘定へ振り替えることになる。設例についての繰越利益剰余金勘定への振替仕訳および関連する勘定口

114

座への転記を示すと，以下のようになる。

（借方）損　　　　　益　9,000　　（貸方）繰越利益剰余金　9,000

<table>
<tr><td colspan="2" align="center">繰越利益剰余金</td><td colspan="2" align="center">損　　益</td></tr>
<tr><td></td><td>5/31 損　益　9,000</td><td>5/31 仕　　入 280,000
5/31 給　　料 180,000
5/31 支払家賃　50,000
5/31 支払利息　1,000
5/31 繰越利益剰余金　9,000</td><td>5/31 売　　上 500,000
5/31 受取地代　20,000</td></tr>
</table>

第5節　元帳の締め切り

　繰越利益剰余金勘定への振り替えが終わると，当期の記録と次期の記録を区別するため元帳の締め切りが行われる。資本金勘定への振り替えが済むと，収益勘定，費用勘定，損益勘定については借方合計と貸方合計が一致しているので，それを確認して二本線を引いて締め切る。借方と貸方に1行ずつしか記入がない勘定口座については合計を出してみるまでもないので，そのまま二本線を引いて締め切る。資産勘定，負債勘定，純資産（資本）勘定については，勘定残高を計算し，その金額を次期繰越として勘定残高があるのとは反対側に記入し，それにより借方合計と貸方合計が一致するか確認して，二本線を引いて締め切る。次期繰越は赤で記入するとされているが，あまり気にしなくてもよい。設例について元帳の締め切りを示すと以下のようになる。

<table>
<tr><td colspan="2" align="center">現　　金</td><td colspan="2" align="center">売　　上</td></tr>
<tr>
<td>5/ 1 資本金 700,000
5/ 6 借入金 200,000
5/20 受取地代　20,000

　　　　　 920,000
6/ 1 前期繰越 340,000</td>
<td>5/ 2 仕　　入 350,000
5/15 給　　料 180,000
5/31 支払家賃　50,000
5/31 次期繰越 340,000
　　　　　 920,000</td>
<td>5/31 損　益 500,000</td>
<td>5/ 7 売掛金 500,000</td>
</tr>
</table>

売 掛 金

5/ 7 売　　上	500,000	**5/31 次期繰越**	**500,000**
6/ 1 前期繰越	500,000		

受取地代

5/31 損　　益	20,000	5/20 現　　金	20,000

土 地

5/ 1 資本金	800,000	**5/31 次期繰越**	**800,000**
6/ 1 前期繰越	800,000		

仕 入

5/ 2 現　　金	350,000	5/31 繰越商品	70,000
		5/31 損　　益	280,000
	350,000		350,000

借 入 金

5/31 次期繰越	**200,000**	5/ 6 現　　金	200,000
		6/ 1 前期繰越	200,000

給 料

5/15 現　　金	180,000	5/31 損　　益	180,000

資 本 金

5/31 次期繰越	**1,500,000**	5/ 1 諸　　口	1,500,000
		6/ 1 前期繰越	1,500,000

支払家賃

5/31 現　　金	50,000	5/31 損　　益	50,000

繰越商品

5/31 仕　　入	70,000	**5/31 次期繰越**	**70,000**
6/ 1 前期繰越	70,000		

支払利息

5/31 未払利息	1,000	5/31 損　　益	1,000

未払利息

5/31 次期繰越	**1,000**	5/31 支払利息	1,000
		6/ 1 前期繰越	1,000

損 益

5/31 仕　　入	280,000	5/31 売　　上	500,000
5/31 給　　料	180,000	5/31 受取地代	20,000
5/31 支払家賃	50,000		
5/31 支払利息	1,000		
5/31 資本金	9,000		
	520,000		520,000

繰越利益剰余金

5/31 次期繰越	**9,000**	5/31 損　　益	9,000
		6/ 1 前期繰越	9,000

　上記のように期末に元帳の締め切りを終えたら，次期の最初の日付で前期繰越として次期繰越と書いた反対側（実際に勘定残高がある側）に金額とともに記入する。これを開始記入という。これによって，次期の最初にもともと存在した分が元帳に記録されることになる。

第6節　繰越試算表の作成

　元帳の締め切りで次期繰越とした金額については，当期純利益（または当期純損失）が繰越利益剰余金に加算（または減算）されているので，資産の合計＝負債の合計＋純資産（資本）の合計となっているはずである。これを確かめるため，繰越試算表を作成する。設例について繰越試算表を作成してみると以下のようになる。

繰越試算表
令和○年 5 月31日

借　　　方	勘定科目	貸　　　方
340,000	現　　　　　金	
500,000	売　掛　金	
70,000	繰　越　商　品	
800,000	土　　　　　地	
	借　入　金	200,000
	未　払　利　息	1,000
	資　本　金	1,500,000
	繰越利益剰余金	9,000
1,710,000		1,710,000

　なお繰越試算表は手書きの帳簿の場合，貸借の合計が一致するか確かめる意義があるが，電算処理されている場合，省略されることがある。

第7節　損益計算書と貸借対照表の作成

　損益計算書と貸借対照表の様式には報告式と勘定式があるが，ここでは勘定式のみを取り上げる。これまでに出てきた損益勘定を見ると，ほとんど損益計算書であることがわかるであろう。また繰越試算表を見れば，ほとんど貸借対照表であることがわかるであろう。ただ損益計算書と貸借対照表を作成する場合，項目名の変更などがある。例えば，勘定科目としては，売上，仕入を用い

るが損益計算書上では，売上高，売上原価ということになる。また繰越商品は貸借対照表では商品と表示される。設例について損益計算書と貸借対照表を作成してみると以下のようになる。

損益計算書

高崎商事　　　　令和○年 5 月 1 日から　令和○年 5 月31日まで　　（単位：円）

費　用	金　額	収　益	金　額
売 上 原 価	280,000	売 上 高	500,000
給　　料	180,000	受 取 地 代	20,000
支 払 家 賃	50,000		
支 払 利 息	1,000		
当期純利益	**9,000**		
	520,000		520,000

貸借対照表

高崎商事　　　　　　　令和○年 5 月31日　　　　　　（単位：円）

資　産	金　額	負債及び純資産	金　額
現　　金	340,000	借 入 金	200,000
売 掛 金	500,000	未 払 利 息	1,000
商　　品	70,000	資 本 金	1,500,000
土　　地	800,000	繰越利益剰余金	9,000
	1,710,000		1,710,000

この設例では出てきていないが，貸倒引当金や減価償却累計額のような評価勘定がある場合，貸借対照表上では，それぞれ売掛金や備品などから控除する形式で記載する。例えば，次のようになる（売掛金¥350,000，貸倒引当金¥7,000，備品¥200,000，減価償却累計額¥72,000 であった場合）。

貸借対照表

○×商事　　　　　　　　　　　令和○年○月○日　　　　　　　　（単位：円）

資　　産		金　　額	負債及び純資産	金　　額
現　　　　金		×××	買　掛　金	×××
売　掛　金	350,000		・・・	
貸倒引当金	7,000	343,000	・・・	
・・・				
備　　　　品	200,000			
減価償却累計額	72,000	128,000		
・・・				
		×××		×××

練習問題

問題　次の決算仕訳を示しなさい。

（1）決算にあたり，次の収益・費用勘定の残高（決算整理済）を損益勘定
に振り替えた。

　　　　売　　　　上　¥880,000　　受取家賃　　　　¥90,000

　　　　仕　　　　入　¥560,000　　給　　料　　　¥185,000

　　　　支払利息　¥22,000　　貸倒引当金繰入　¥5,000

　　　　減価償却費　¥38,000

（2）（1）の振替仕訳の後，当期純利益（または当期純損失）を繰越利益
剰余金勘定へ振り替えた。

第17章　帳簿と伝票

第1節　帳簿の種類

　いままで特に帳簿については取り上げなかったが，仕訳は仕訳帳という帳簿に記入され，勘定口座への転記は総勘定元帳への記入ということになる。すべての取引は，この仕訳帳と総勘定元帳に記入されることになるので，この2つの帳簿を主要簿と呼んでいる。この他に，特定の取引の明細を記入する補助記入帳と，特定の勘定の内訳明細を記入する補助元帳がある。これらの帳簿は，補助簿と呼ばれている。補助簿に記入することで，主要簿だけではわからない詳細な情報を得ることも可能になるし，主要簿と補助簿とで記入する担当者が違えば，同じ取引についての記録を照合することで，誤りや不正が発見できる可能性もある。帳簿を分類して示すと以下のようになる。

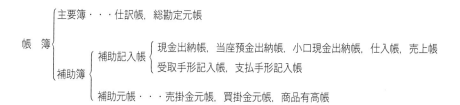

```
        ┌ 主要簿・・・仕訳帳, 総勘定元帳
        │        ┌ 補助記入帳 ┌ 現金出納帳, 当座預金出納帳, 小口現金出納帳, 仕入帳, 売上帳
帳　簿 ┤        │           └ 受取手形記入帳, 支払手形記入帳
        │ 補助簿 ┤
        └        └ 補助元帳・・・売掛金元帳, 買掛金元帳, 商品有高帳
```

第2節　主要簿の記帳

　仕訳帳には次のように記帳する。日付欄に日付を記入し，摘要欄には勘定科目を基本的に借方からカッコをつけて記入する。勘定科目が2つ以上ある場合

は，勘定科目の上に諸口と記入する。さらに取引を説明する「小書き」といわれるものを記入して，区切り線を引く。借方欄と貸方欄には金額を記入する。元丁欄には仕訳を転記した先の勘定口座のページ数を記入する。例えば，高崎商事は令和〇年4月1日に現金¥800,000の出資を受けて営業を開始し，4月2日に前橋商事から商品¥300,000を仕入れ，代金のうち半分は現金で支払い，残金は掛けにした場合，仕訳帳への記入は次のように行われる。

仕 訳 帳　　　　1

令和〇年		摘　　要	元丁	借　方	貸　方
4	1	（現　金）	1	800,000	
		（資本金）	7		800,000
		現金の出資を受けて営業を開始			
4	2	（仕　入）　　　諸　口	9	300,000	
		（現　金）	1		150,000
		（買掛金）	5		150,000
		前橋商事より商品仕入れ			

　総勘定元帳には標準式と残高式の2種類の形式がある。標準式の総勘定元帳には次のように記帳する。日付欄に日付を記入し，摘要欄には相手勘定科目を記入する。借方欄，貸方欄は仕訳の通りに金額を記入する。仕丁欄には転記した取引の仕訳が記入されている仕訳帳のページ数を記入する。残高式の総勘定元帳の場合には，さらに借または貸欄にどちら側に残高が出るか記入し，残高欄に残高の金額を記入する。仕訳帳の記入例の4月1日の取引を標準式と残高式のそれぞれの形式の総勘定元帳へ転記したとすると（両方の形式を同時に用いることはないが）次のようになる。

<標準式>

現　金　　　　1

令和○年		摘　要	仕丁	借　方	令和○年		摘　要	仕丁	貸　方
4	1	資本金	1	800,000					

資本金　　　　7

令和○年		摘　要	仕丁	借　方	令和○年		摘　要	仕丁	貸　方
					4	1	現　金	1	800,000

<残高式>

現　金　　　　1

令和○年		摘　要	仕丁	借　方	貸　方	借または貸	残　高
4	1	資本金	1	800,000		借	800,000

資本金　　　　7

令和○年		摘　要	仕丁	借　方	貸　方	借または貸	残　高
4	1	現　金	1		800,000	貸	800,000

第3節　補助記入帳の記帳

　補助記入帳として現金出納帳を用いている場合，現金の入出金のある取引は現金出納帳にも記入する。仕訳帳の記入例の取引を現金出納帳に記入すると次のようになる。

現金出納帳

令和○年		摘　要	収　入	支　出	残　高
4	1	出資を受けて開業	800,000		800,000
	2	前橋商事より仕入れ		150,000	650,000

　補助記入帳として当座預金出納帳を用いている場合，当座預金の預け入れ，引き出しのある取引は当座預金出納帳にも記入する。当座預金の勘定残高は通

常借方側にあるが，当座借越の状態の場合には残高は貸方側にあることになるので，借または貸欄が設けられている。令和○年4月10日に当座預金口座を開き，現金￥300,000を預け入れ，4月20日に前橋商事に対する買掛金のうち￥50,000を小切手#1を振り出して支払った場合，当座預金出納帳に記入すると次のようになる。

当座預金出納帳

令和○年		摘　　要	預　入	引　出	借または貸	残　高
4	10	現金を預け入れ	300,000		借	300,000
	20	前橋商事に買掛金支払い　小切手#1		50,000	〃	250,000

　補助記入帳として小口現金出納帳を用いている場合，小口現金の支払いと補給のある取引は小口現金出納帳にも記入する。令和○年5月1日に定額資金前渡制を採用し，小切手￥50,000を振り出して用度係に渡し，用度係は5月中に郵便切手￥8,000，お茶代￥6,500，タクシー代￥17,500の支出を行い会計係に報告し，報告に基づいて6月1日に5月中の支出額￥32,000を小切手を振り出して補給した場合，小口現金出納帳の記入は次のようになる。

小口現金出納帳

受　入	令和○年		摘　要	支　払	内　訳			残　高
					交通費	通信費	雑　費	
50,000	5	1	本日補給					50,000
		7	郵便切手	8,000		8,000		42,000
		11	お茶代	6,500			6,500	35,500
		25	タクシー代	17,500	17,500			18,000
				32,000	17,500	8,000	6,500	
		31	**次月繰越**	**18,000**				
50,000				50,000				
18,000	6	1	前月繰越					18,000
32,000		〃	本日補給					50,000

　補助記入帳として仕入帳を用いている場合，商品の仕入れに関する取引は仕入帳にも記入する。仕訳帳の記入例である令和○年4月2日に前橋商事から商

品¥300,000を仕入れた取引について商品の内訳がズボン30着（@¥6,000）とスカート40着（@¥3,000）とわかったとすると，仕入帳の記入は次のようになる。

仕　入　帳

令和○年		摘　　要		内　訳	金　　額
4	2	前橋商事　　　　現金および掛け			
		ズボン　30着	@¥6,000	180,000	
		スカート 40着	@¥3,000	120,000	300,000

補助記入帳として売上帳を用いている場合，商品の売り上げに関する取引は売上帳にも記入する。令和○年4月9日に安中商事に商品¥160,000を掛売りした取引があり，その商品の内訳がズボン10着（@¥10,000）とスカート10着（@¥6,000）とわかったとすると，売上帳の記入は次のようになる。

売　上　帳

令和○年		摘　　要		内　訳	金　　額
4	9	安中商事　　　　　　　掛け			
		ズボン　10着	@¥10,000	100,000	
		スカート 10着	@¥6,000	60,000	160,000

補助記入帳として受取手形記入帳を用いている場合，手形債権の発生と消滅に関する取引は受取手形記入帳にも記入する。令和○年4月17日に藤岡商事に商品¥200,000を売り上げ，代金のうち半額は同店振り出しの約束手形#8を受け取り，残額は掛けにした取引について，受取手形記入帳の記入は次のようになる。また令和○年5月21日にこの約束手形の支払期日になり，当座預金に入金した場合，受取手形記入帳のてん末欄の記入は次のようになる。

124

受取手形記入帳

令和○年		摘　要	金　額	手形種類	手形番号	支払人	振出人または裏書人	振出日		支払期日		支払場所	てん末		
													月	日	摘　要
4	17	売り上げ	100,000	約手	8	藤岡商事	藤岡商事	4	17	5	21	藤岡銀行	5	21	入　金

　補助記入帳として支払手形記入帳を用いている場合，手形債務の発生と消滅に関する取引は支払手形記入帳にも記入する。令和○年4月16日に渋川商事から商品¥120,000を仕入れ，代金のうち半額は約束手形#1を振り出して支払い，残額は掛けにした取引について，支払手形記入帳の記入は次のようになる。また令和○年5月20日にこの約束手形の支払期日になり，当座預金より支払った場合，支払手形記入帳のてん末欄の記入は次のようになる。

支払手形記入帳

令和○年		摘　要	金　額	手形種類	手形番号	受取人	振出人	振出日		支払期日		支払場所	てん末		
													月	日	摘　要
4	16	仕入れ	60,000	約手	1	渋川商事	当　社	4	16	5	20	高崎銀行	5	20	支払い

第4節　補助元帳の記帳

　売掛金元帳（得意先元帳）は，総勘定元帳に設けられている売掛金勘定口座の記録だけではわからない得意先ごとの売掛金の明細を明らかにできるように設けられる補助元帳である。売掛金元帳には，得意先の企業名を勘定科目とする人名勘定の勘定口座が設けられている。売掛金元帳を設けている場合，仕訳で売掛金という勘定科目が出てくる取引は，総勘定元帳の売掛金勘定に転記されるとともに売掛金元帳の得意先の人名勘定口座にも記入されることになる。

　買掛金元帳（仕入先元帳）は，総勘定元帳に設けられている買掛金勘定口座の記録だけではわからない仕入先ごとの買掛金の明細を明らかにできるように設けられる補助元帳である。買掛金元帳には，仕入先の企業名を勘定科目とする

人名勘定の勘定口座が設けられている。買掛金元帳を設けている場合，仕訳で買掛金という勘定科目が出てくる取引は，総勘定元帳の買掛金勘定に転記されるとともに買掛金元帳の仕入先の人名勘定口座にも記入されることになる。

　補助記入帳の例の 4 月 2 日の仕入れ，9 日の売り上げ，16 日の仕入れ，17 日の売り上げの取引の仕訳は以下の通りであり，売掛金勘定，買掛金勘定への転記（16 日と 17 日の取引は仕訳帳の 2 ページに記入されていたとする）および売掛金元帳，買掛金元帳への記入は次のようになる。なお，売掛金勘定，買掛金勘定以外の勘定への転記は省略している。

```
4月2日 （借方）仕      入  300,000    （貸方）現      金  150,000
                                          買 掛 金  150,000

  9日 （借方）売 掛 金  160,000    （貸方）売      上  160,000

 16日 （借方）仕      入  120,000    （貸方）支 払 手 形   60,000
                                          買 掛 金   60,000

 17日 （借方）受 取 手 形  100,000    （貸方）売      上  200,000
        売 掛 金  100,000
```

＜総勘定元帳＞

売掛金　　　　　4

令和○年		摘　要	仕丁	借　方	令和○年		摘　要	仕丁	貸　方
4	9	売　上	1	160,000					
	17	売　上	2	100,000					

買掛金　　　　　6

令和○年		摘　要	仕丁	借　方	令和○年		摘　要	仕丁	貸　方
					4	2	仕　入	1	150,000
						16	仕　入	2	60,000

＜売掛金元帳＞

安中商事　　　　　　　　　1

令和○年		摘　要	借　方	貸　方	借または は　貸	残　高
4	9	売り上げ	160,000		借	160,000

藤岡商事　　　　　　　　　2

令和○年		摘　要	借　方	貸　方	借または は　貸	残　高
4	17	売り上げ	100,000		借	100,000

＜買掛金元帳＞

前橋商事　　　　　　　　　1

令和○年		摘　要	借　方	貸　方	借または は　貸	残　高
4	2	仕入れ		150,000	貸	150,000

渋川商事　　　　　　　　　2

令和○年		摘　要	借　方	貸　方	借または は　貸	残　高
4	16	仕入れ		60,000	貸	60,000

　商品有高帳は，商品の種類ごとにその受け入れ，払い出し，残高を記録する補助元帳であり，商品の受け払いのある取引があったときに記入することになる。単価は原価を用いるが，仕入れるごとに単価が異なる場合は，先に仕入れた単価の商品が先に払いだされるとして払出単価を決める先入先出法と，仕入れるごとに平均単価を求め次の払出単価を決める移動平均法などで単価を計算する（この他の方法もある）。

　先程の例の4月2日から4月17日までの商品売買について，4月16日に渋川商事から商品¥120,000を仕入れた取引について商品の内訳がズボン15着（＠¥6,350）とスカート10着（＠¥2,475）であり，4月17日に藤岡商事に商品¥200,000を掛売りした取引について商品の内訳がズボンのみ20着（＠¥10,000）であったとする。前橋商事から仕入れたズボンと渋川商事から仕入れたズボンが商品としてまったく同じものだったとすると，先入先出法による場

合と移動平均法による場合のズボンの商品有高帳の記入は次のようになる。なお 4 月中の商品の受け払いのある取引は以上であったものとして締め切っている。

商品有高帳

（先入先出法）　ズボン

令和○年		摘　要	受　入			払　出			残　高		
			数量	単価	金額	数量	単価	金額	数量	単価	金額
4	2	仕　　入	30	6,000	180,000				30	6,000	180,000
	9	売　　上				10	6,000	60,000	20	6,000	120,000
	16	仕　　入	15	6,350	95,250				20	6,000	120,000
									15	6,350	95,250
	17	売　　上				20	6,000	120,000	15	6,350	95,250
	30	**次月繰越**				**15**	**6,350**	**95,250**			
			45		275,250	45		275,250			
5	1	前月繰越	15	6,350	95,250				15	6,350	95,250

商品有高帳

（移動平均法）　ズボン

令和○年		摘　要	受　入			払　出			残　高		
			数量	単価	金額	数量	単価	金額	数量	単価	金額
4	2	仕　　入	30	6,000	180,000				30	6,000	180,000
	9	売　　上				10	6,000	60,000	20	6,000	120,000
	16	仕　　入	15	6,350	95,250				35	6,150	215,250
	17	売　　上				20	6,150	123,000	15	6,150	92,250
	30	**次月繰越**				**15**	**6,150**	**92,250**			
			45		275,250	45		275,250			
5	1	前月繰越	15	6,150	92,250				15	6,150	92,250

　移動平均法について，4 月 2 日の仕入れはそれ以前の在庫がないため，平均単価はそのままである。16 日の仕入れについては直前の残高￥120,000 と新たに受け入れた￥95,250 の合計額を合計数量（20 + 15）で割って平均単価を求めている。

第5節　伝　　票

　仕訳帳に仕訳をする代わりに伝票という紙片に取引を記録することがある。伝票を用いる場合，総勘定元帳への転記を伝票ごとに行う場合（個別転記）と一定期間の伝票を仕訳集計表に集計して，まとめて転記する場合（合計転記）がある。また伝票を用いる場合，何種類の伝票を用いるかによって，3伝票制，5伝票制等があるが，ここでは，3伝票制を中心に話を進める。

　3伝票制の場合，用いる伝票は入金伝票，出金伝票，振替伝票の3種類である。入金伝票には，現金の入金のある取引を記入する。入金伝票は，入金伝票であるとすぐわかるように通常，赤色で印刷されている。例えば，令和○年6月1日に商品¥50,000を売り上げ，現金を受け取った取引の仕訳は次のようになる。

　6月1日　（借方）現　　　金　50,000　　　（貸方）売　　　上　50,000

　この取引を入金伝票に記入する場合，借方の勘定科目が現金であるのは当然なので省略し，貸方の勘定科目と金額を次のように記入する。

入金伝票	
令和○年6月1日	
科　　目	金　　額
売　　上	50,000

　出金伝票には，現金の出金のある取引を記入する。例えば，令和○年6月2日に商品¥80,000を仕入れ，現金で支払った取引の仕訳は次のようになる。

　6月2日　（借方）仕　　　入　80,000　　　（貸方）現　　　金　80,000

　この取引を出金伝票に記入する場合，貸方の勘定科目が現金であるのは当然

なので省略し，借方の勘定科目と金額を次のように記入する。

出金伝票	
令和○年 6 月 2 日	
科　　目	金　　額
仕　　入	80,000

　振替伝票には，現金の入出金のない取引や一部現金の入出金のある取引を記入する。例えば，令和○年 6 月 3 日に商品￥70,000 を掛売りした取引の仕訳は次のようになる。

　6 月 3 日　（借方）売　掛　金　70,000　　（貸方）売　　　　上　70,000

　この取引を振替伝票に記入する場合，借方の勘定科目と金額および貸方の勘定科目と金額を次のように記入する。

振　替　伝　票			
令和○年 6 月 3 日			
借方科目	金　　額	貸方科目	金　　額
売 掛 金	70,000	売　　上	70,000

　例えば，令和○年 6 月 4 日に商品￥90,000 を売り上げ，代金のうち￥30,000 は現金で受け取り，残金は掛けとした取引があったとする。このような一部入金のある取引について伝票に記入する場合，2 通りの方法がある。1 つは，取引を￥30,000 の現金売り上げと￥60,000 の掛け売り上げに分解する方法である。この場合，振替伝票と入金伝票に次のように記入する。

振　替　伝　票 令和○年 6 月 4 日			
借方科目	金　　額	貸方科目	金　　額
売 掛 金	60,000	売　　上	60,000

入金伝票 令和○年 6 月 4 日	
科　　目	金　　額
売　　上	30,000

　もう 1 つの方法は，¥90,000 すべて掛けで売り上げ，売掛金のうち ¥30,000 をすぐに現金で回収したというように取引を擬制する方法である。この場合，振替伝票と入金伝票に次のように記入する。

振　替　伝　票 令和○年 6 月 4 日			
借方科目	金　　額	貸方科目	金　　額
売 掛 金	90,000	売　　上	90,000

入金伝票 令和○年 6 月 4 日	
科　　目	金　　額
売 掛 金	30,000

　例えば，令和○年 6 月 5 日に商品 ¥40,000 を仕入れ，代金のうち ¥10,000 は現金で支払い，残金は掛けとした取引があったとする。このような一部出金のある取引について伝票に記入する場合にも，2 通りの方法がある。1 つは，取引を ¥10,000 の現金仕入れと ¥30,000 の掛け仕入れに分解する方法である。こ

の場合，振替伝票と出金伝票に次のように記入する。

振　替　伝　票			
令和○年 6 月 5 日			
借方科目	金　　額	貸方科目	金　　額
仕　　入	30,000	買 掛 金	30,000

出金伝票	
令和○年 6 月 5 日	
科　　目	金　　額
仕　　入	10,000

　もう 1 つの方法は，¥40,000 すべて掛けで仕入れ，買掛金のうち ¥10,000 をすぐに現金で支払ったというように取引を擬制する方法である。この場合，振替伝票と出金伝票に次のように記入する。

振　替　伝　票			
令和○年 6 月 5 日			
借方科目	金　　額	貸方科目	金　　額
仕　　入	40,000	買 掛 金	40,000

出金伝票	
令和○年 6 月 5 日	
科　　目	金　　額
買 掛 金	10,000

　前述のように，総勘定元帳への転記を伝票ごとに行う場合（個別転記）と一定期間の伝票を仕訳集計表に集計して，まとめて転記する場合（合計転記）が

ある。仕訳集計表を作成する場合，まず入金伝票の合計額を現金の借方に記入し，出金伝票の合計額を現金の貸方に記入する。そして振替伝票の借方勘定科目および出金伝票に書かれている勘定科目のうち同じものをまとめ合計額を当該勘定科目の借方に記入する。さらに振替伝票の貸方勘定科目および入金伝票に書かれている勘定科目のうち同じものをまとめ合計額を当該勘定科目の貸方に記入する。上記6月1日から5日までの伝票から仕訳集計表を作成すると次のようになる。ただし6月4日と5日の取引については取引を擬制する方法で記入したものとする。

仕訳集計表

令和○年6月5日

借　方	元丁	勘定科目	元丁	貸　方
80,000		現　　　金		90,000
160,000		売　掛　金		30,000
10,000		買　掛　金		40,000
		売　　　上		210,000
120,000		仕　　　入		
370,000				370,000

　この仕訳集計表から各勘定口座に転記した場合，元丁欄には仕訳を転記した先の勘定口座のページ数を記入する。

　5伝票制の場合，3伝票制の入金伝票，出金伝票，振替伝票に加え，売上伝票，仕入伝票を用いる。売上伝票には商品を売り上げたときに記入するが，すべて掛けで売り上げたことにする。したがって先の6月1日の商品¥50,000を売り上げ，現金を受け取った取引はいったん掛けで売り上げ，すぐに売掛金を現金で回収したというように記入する。売上伝票は，借方の勘定科目が売掛金で貸方の勘定科目が売上であるのは当然なので省略し，取引先名，品名，数量，単価，金額などを記入する。取引先名などが，売上伝票に書かれている通りとすると，次のような記入になる。

入金伝票	
令和○年 6 月 1 日	
科　目	金　額
売 掛 金	50,000

売上伝票
令和○年 6 月 1 日
A 商事
A 品　10 個　@ ¥5,000　　50,000

　仕入伝票には商品を仕入れたときに記入するが，すべて掛けで仕入れたことにする。したがって先の 6 月 2 日に商品 ¥80,000 を仕入れ，現金で支払った取引は，いったん掛けで仕入れ，すぐに買掛金を現金で支払ったというように記入する。仕入伝票は，借方の勘定科目が仕入で貸方の勘定科目が買掛金であるのは当然なので省略し，取引先名，品名，数量，単価，金額などを記入する。取引先名などが，仕入伝票に書かれている通りとすると，次のような記入になる。

出金伝票	
令和○年 6 月 2 日	
科　目	金　額
買 掛 金	80,000

仕入伝票
令和○年 6 月 2 日
B 商事
B 品　20 個　@ ¥4,000　　80,000

【練習問題】

　問題 1　次の取引はどの補助簿に記入されるか答えなさい。
　　（1）所沢商事から商品 ¥350,000 を仕入れ，代金のうち ¥50,000 は現金で支払い，残額は掛けにした。
　　（2）狭山商事に商品 ¥430,000 を売り上げ，代金のうち ¥400,000 は同社振り出しの約束手形で受け取り，¥30,000 は現金で受け取った。
　　（3）所沢商事に対する買掛金 ¥300,000 支払いのため，売掛金のある得意先川越商事宛の為替手形を振り出し，川越商事の引き受けを得て所沢商事に渡した。

問題2　次の取引について，入金伝票，出金伝票に以下のように記入した場合，振替伝票にどのように記入されるか答えなさい。なお，3伝票制を採用しているものとする。

　　　（1）令和○年6月9日に商品¥140,000を売り上げ，代金のうち¥40,000は現金で受け取り，残金は掛けとした。

入金伝票	
令和○年6月9日	
科　　目	金　　額
売　　上	40,000

振　替　伝　票			
令和　年　月　日			
借方科目	金　　額	貸方科目	金　　額

　　　（2）令和○年6月22日に商品¥125,000を仕入れ，代金のうち¥20,000は現金で支払い，残金は掛けとした。

出金伝票	
令和○年6月22日	
科　　目	金　　額
買　掛　金	20,000

振　替　伝　票			
令和　年　月　日			
借方科目	金　　額	貸方科目	金　　額

練習問題解答

第1章　簿記の基礎

問題1　企業の持っている物や権利，債務（借入金など）の現在高がわかることによって，財政状態が，明らかになり，企業が営利活動によって，どのように元手を増やしたか（または減らしたか）を計算することで，経営成績が明らかになる。

問題2　複式簿記は，企業の取引を二面的に把握して，組織的に記録するような簿記のことである。

第2章　貸借対照表と損益計算書

問題1　3,200,000 円（300,000 ＋ 450,000 ＋ 250,000 ＋ 1,000,000 ＋ 2,400,000 － 400,000 － 800,000）

問題2　200,000 円（870,000 ＋ 130,000 － 750,000 － 50,000）

問題3

(単位：万円)

	期　首			期　末			収益の総額	費用の総額	当期純利益
	資　産	負　債	純資産	資　産	負　債	純資産			
1	800	300	**500**	900	**250**	**650**	850	700	**150**
2	950	**600**	350	**1,150**	550	**600**	**850**	600	250
3	780	**300**	480	**950**	350	**600**	670	550	**120**
4	920	**500**	420	980	460	520	770	**670**	100
5	**870**	430	**440**	990	420	**570**	940	810	130

第3章 取 引

問題1 (1),(3),(4),(5),(7)

問題2 (1)資産の増加─負債の増加
(2)資産の増加─負債の増加
(3)資産の増加─資産の減少
　　　　　　　　収益の発生
(4)資産の増加─資産の減少
(5)費用の発生─資産の減少

第4章 勘 定

問題1 (1)貸方 (2)借方 (3)貸方
(4)貸方 (5)借方 (6)借方

問題2 (1)借方 (2)貸方 (3)貸方
(4)借方 (5)貸方 (6)借方

第5章 仕訳と転記

問題1 (1)(借方)現　　　金 950,000 (貸方)資 本 金 950,000
(2)(借方)現　　　金 300,000 (貸方)借 入 金 300,000
(3)(借方)備　　　品 450,000 (貸方)現　　　金 450,000
(4)(借方)商　　　品 280,000 (貸方)買 掛 金 280,000
(5)(借方)売 掛 金 180,000 (貸方)商　　　品 120,000
商品売買益 60,000

問題2 5/1 株主から現金￥700,000と土地￥800,000の出資を受けて営業を開始した。
5/2 商品￥350,000を現金で仕入れた。
5/6 現金￥200,000を借り入れた。

5/7 　　　原価￥280,000 の商品を￥500,000 で掛売りした。

5/15 　　給料￥180,000 を現金で支給した。

第6章　試　算　表

問題1

合計試算表

令和○年5月31日

借　方	勘定科目	貸　方
1,400,000	現　　　金	403,000
530,000	売　掛　金	150,000
450,000	商　　　品	400,000
300,000	備　　　品	
	買　掛　金	450,000
	借　入　金	350,000
	資　本　金	900,000
	商品売買益	130,000
100,000	給　　　料	
3,000	支 払 利 息	
2,783,000		2,783,000

問題2

残高試算表

令和○年5月31日

借　方	勘定科目	貸　方
997,000	現　　　金	
380,000	売　掛　金	
50,000	商　　　品	
300,000	備　　　品	
	買　掛　金	450,000
	借　入　金	350,000
	資　本　金	900,000
	商品売買益	130,000
100,000	給　　　料	
3,000	支 払 利 息	
1,830,000		1,830,000

第7章 現金・預金

問題 （1）（借方）当 座 預 金 45,000 （貸方）受 取 地 代 45,000
 （2）（借方）買 掛 金 360,000 （貸方）当 座 預 金 360,000
 （3）（借方）当 座 預 金 250,000 （貸方）現 金 250,000
 （4）（借方）現金過不足 15,000 （貸方）現 金 15,000
 （5）（借方）買 掛 金 12,000 （貸方）現金過不足 15,000
 　　　　　 雑 損 3,000
 （6）（借方）現 金 300,000 （貸方）売 掛 金 300,000
 （7）（借方）小 口 現 金 70,000 （貸方）当 座 預 金 70,000
 （8）（借方）通 信 費 14,000 （貸方）当 座 預 金 53,000
 　　　　　 交 通 費 26,000
 　　　　　 雑 費 13,000

第8章 商品売買

問題 （1）（借方）仕 入 185,000 （貸方）現 金 5,000
 　　　　　　　　　　　　　　　　　 買 掛 金 180,000
 （2）（借方）買 掛 金 12,000 （貸方）仕 入 12,000
 （3）（借方）買 掛 金 18,000 （貸方）仕 入 18,000
 （4）（借方）売 掛 金 330,000 （貸方）売 上 330,000
 　　　　　 発 送 費 7,000 　　　　　 現 金 7,000
 （5）（借方）売 掛 金 296,000 （貸方）売 上 290,000
 　　　　　　　　　　　　　　　　　 現 金 6,000
 （6）（借方）売 上 21,000 （貸方）売 掛 金 21,000
 （7）（借方）売 上 13,000 （貸方）売 掛 金 13,000

第9章 有価証券

問題 （1）（借方）売買目的有価証券 760,000 （貸方）当 座 預 金 760,000

（2）（借方）現　　　　　　金 900,000　（貸方）売買目的有価証券 760,000
　　　　　　　　　　　　　　　　　　　　　　　有 価 証 券 売 却 益　140,000
（3）（借方）現　　　　　　金　8,000　（貸方）受 取 配 当 金　8,000
（4）（借方）売買目的有価証券 2,970,000　（貸方）当　座　預　金 2,970,000
（5）（借方）現　　　　　　金 2,910,000　（貸方）売買目的有価証券 2,970,000
　　　　　　有 価 証 券 売 却 損　60,000
（6）（借方）現　　　　　　金　30,000　（貸方）受　取　利　息　30,000

第 10 章　各種債権・債務

問題（1）（借方）未　収　入　金 920,000　（貸方）売買目的有価証券 960,000
　　　　　　　有 価 証 券 売 却 損　40,000
（2）（借方）未　払　　金 185,000　（貸方）現　　　　　金 185,000
（3）（借方）前　払　　金　40,000　（貸方）現　　　　　金　40,000
（4）（借方）前　受　　金　60,000　（貸方）売　　　上 320,000
　　　　　　売　掛　　金 260,000
（5）（借方）給　　　料 275,000　（貸方）所 得 税 預 り 金　22,000
　　　　　　　　　　　　　　　　　　　　　　　立　替　　金　7,000
　　　　　　　　　　　　　　　　　　　　　　　現　　　　　金 246,000
（6）（借方）仮　払　　金　75,000　（貸方）現　　　　　金　75,000
（7）（借方）現　　　　　金　12,000　（貸方）仮　払　　金　75,000
　　　　　　旅　　　費　63,000
（8）（借方）当　座　預　金　80,000　（貸方）仮　受　　金　80,000
（9）（借方）仮　受　　金　80,000　（貸方）売　掛　　金　80,000
（10）（借方）受 取 商 品 券　28,000　（貸方）売　　　上　30,000
　　　　　　現　　　　　金　2,000

第 11 章　固定資産

問題（1）（借方）土　　　　地 7,700,000　（貸方）当　座　預　金 7,700,000
（2）（借方）現　　　　　金 3,875,000　（貸方）土　　　　地 3,850,000
　　　　　　　　　　　　　　　　　　　　　　　固 定 資 産 売 却 益　25,000

（3）（借方）現　　　　金 3,500,000　（貸方）土　　　　地 3,850,000
　　　　　　固定資産売却損　 350,000
（4）（借方）建　　　　物 5,700,000　（貸方）当 座 預 金 5,700,000
（5）（借方）建　　　　物 4,200,000　（貸方）当 座 預 金 4,200,000
（6）（借方）修　 繕　 費　　 8,000　（貸方）現　　　　金　　 8,000

第12章　手　　形

問題（1）（借方）買　掛　金 230,000　（貸方）支 払 手 形 230,000
　　（2）（借方）買　掛　金 200,000　（貸方）売　掛　金 200,000
　　（3）（借方）買　掛　金 130,000　（貸方）支 払 手 形 130,000
　　（4）（借方）買　掛　金 300,000　（貸方）受 取 手 形 220,000
　　　　　　　　　　　　　　　　　　　　　 現　　金　 80,000
　　（5）（借方）当 座 預 金 245,000　（貸方）受 取 手 形 250,000
　　　　　　手 形 売 却 損　 5,000
　　（6）（借方）現　　　金 350,000　（貸方）手 形 借 入 金 350,000
　　（7）（借方）現　　　金 236,000　（貸方）手 形 借 入 金 240,000
　　　　　　支 払 利 息　 4,000
　　（8）（借方）手 形 貸 付 金 330,000　（貸方）現　　　金 325,000
　　　　　　　　　　　　　　　　　　　　 受 取 利 息　 5,000
　　（9）（借方）買　掛　金 180,000　（貸方）電子記録債務 180,000
　（10）（借方）買　掛　金 110,000　（貸方）電子記録債権 110,000

第13章　株式会社の純資産（資本）と税金

問題1（1）（借方）現　　　金 5,000,000　（貸方）資　本　金 5,000,000
　　（2）（借方）繰越利益剰余金 660,000　（貸方）未 払 配 当 金 600,000
　　　　　　　　　　　　　　　　　　　　 利 益 準 備 金　 60,000
　　（3）（借方）租 税 公 課　 5,000　（貸方）現　　　金　 8,000
　　　　　　通　信　費　 3,000
　　（4）（借方）租 税 公 課　 35,000　（貸方）現　　　金　 35,000

問題2 （1）（借方）仮 払 法 人 税 等 180,000 （貸方）現 金 180,000
　　　（2）（借方）法人税, 住民税及び事業税 370,000 （貸方）仮 払 法 人 税 等 180,000
　　　　　　　　　　　　　　　　　　　　　　　　 未 払 法 人 税 等 190,000
　　　（3）（借方）未 払 法 人 税 等 190,000 （貸方）現 金 190,000

問題3 （1）（借方）仕 入 300,000 （貸方）買 掛 金 330,000
　　　　　　　　仮 払 消 費 税 30,000
　　　（2）（借方）売 掛 金 550,000 （貸方）売 上 500,000
　　　　　　　　　　　　　　　　　　　　　　　　 仮 受 消 費 税 50,000
　　　（3）（借方）仮 受 消 費 税 50,000 （貸方）仮 払 消 費 税 30,000
　　　　　　　　　　　　　　　　　　　　　　　　 未 払 消 費 税 20,000
　　　（4）（借方）未 払 消 費 税 20,000 （貸方）現 金 20,000

第14章　決算整理

問題1 （1）（借方）減 価 償 却 費 144,000 （貸方）車 両 運 搬 具 144,000
　　　　　　　　　　　　　　　　　　　　　　　　 減 価 償 却 累 計 額
　　　（2）（借方）有価証券評価損 30,000 （貸方）売買目的有価証券 30,000
　　　（3）（借方）受 取 家 賃 53,000 （貸方）前 受 家 賃 53,000
　　　（4）（借方）支 払 地 代 25,000 （貸方）未 払 地 代 25,000
　　　（5）（借方）貯 蔵 品 7,500 （貸方）通 信 費 4,000
　　　　　　　　　　　　　　　　　　　　　　　　 租 税 公 課 3,500

問題2 （1）（借方）貸 倒 引 当 金 繰 入 15,000 （貸方）貸 倒 引 当 金 15,000
　　　（2）（借方）貸 倒 引 当 金 12,000 （貸方）売 掛 金 12,000
　　　（3）（借方）貸 倒 引 当 金 繰 入 18,000 （貸方）貸 倒 引 当 金 18,000

第15章 精算表

問題

精 算 表
令和×年 12 月 31 日

勘 定 科 目	残高試算表 借 方	残高試算表 貸 方	整 理 記 入 借 方	整 理 記 入 貸 方	損益計算書 借 方	損益計算書 貸 方	貸借対照表 借 方	貸借対照表 貸 方
現　　　　金	399,000						399,000	
売　掛　金	380,000						380,000	
貸 倒 引 当 金		5,000		10,200				15,200
売買目的有価証券	150,000			20,000			130,000	
繰 越 商 品	100,000		130,000	100,000			130,000	
備　　　　品	300,000						300,000	
減価償却累計額		81,000		27,000				108,000
買　掛　金		120,000						120,000
借　入　金		100,000						100,000
資　本　金		800,000						800,000
繰越利益剰余金		200,000						200,000
売　　　　上		1,180,000				1,180,000		
仕　　　　入	950,000		100,000	130,000	920,000			
給　　　　料	154,000				154,000			
支 払 家 賃	52,000			4,000	48,000			
支 払 利 息	1,000				1,000			
貸倒引当金繰入			10,200		10,200			
減 価 償 却 費			27,000		27,000			
前 払 家 賃			4,000				4,000	
(有価証券評価損)			20,000		20,000			
(当期純損失)						200	200	
	2,486,000	2,486,000	291,200	291,200	1,180,200	1,180,200	1,343,200	1,343,200

第16章　帳簿の締め切り

問題　（1）（借方）売　　　　上　880,000　　（貸方）損　　　　益　970,000
　　　　　　　　受　取　家　賃　90,000
　　　　　（借方）損　　　　益　810,000　　（貸方）仕　　　　入　560,000
　　　　　　　　　　　　　　　　　　　　　　　　　給　　　　料　185,000
　　　　　　　　　　　　　　　　　　　　　　　　　支　払　利　息　22,000
　　　　　　　　　　　　　　　　　　　　　　　　　貸倒引当金繰入　5,000
　　　　　　　　　　　　　　　　　　　　　　　　　減　価　償　却　費　38,000
　　　（2）（借方）損　　　　益　160,000　　（貸方）繰越利益剰余金　160,000

第17章　帳簿と伝票

問題1　（1）仕入帳，商品有高帳，現金出納帳，買掛金元帳
　　　　（2）売上帳，商品有高帳，受取手形記入帳，現金出納帳
　　　　（3）買掛金元帳，売掛金元帳

問題2　（1）

振　替　伝　票
令和○年6月9日

借方科目	金　額	貸方科目	金　額
売掛金	100,000	売　上	100,000

（2）

振　替　伝　票
令和○年6月22日

借方科目	金　額	貸方科目	金　額
仕　　入	125,000	買掛金	125,000

索　引

【ア】

預り金 …………………………… 60
移動平均法 ……………………… 126
印紙税 …………………………… 80
受取商品券 ……………………… 62
受取手形記入帳 ………………… 123
裏書 ……………………………… 72
売上 ……………………………… 47
　　──原価の算定 ……………… 86
　　──諸掛 ……………………… 48
　　──帳 ……………………… 123
　　──伝票 …………………… 132
　　──値引 ……………………… 50
　　──戻り ……………………… 50
売掛金元帳 …………………… 124
英米式 ………………………… 109

【カ】

買掛金元帳 …………………… 124
会計期間 ………………………… 3
会社法 …………………………… 80
貸方 ……………………………… 20
貸し倒れ ………………………… 88
貸倒引当金 ……………………… 89
貸付金 …………………………… 56
借入金 …………………………… 56
仮受金 …………………………… 61
借方 ……………………………… 20

仮払金 …………………………… 61
為替手形 ………………………… 70
勘定 ……………………………… 19
　　──科目 ……………………… 19
　　──口座 ……………………… 19
間接法 …………………………… 92
期首商品棚卸高 ………………… 88
期末商品棚卸高 ………………… 88
金融手形 ………………………… 74
繰越試算表 …………………… 116
繰越商品 ………………………… 87
繰り延べ ………………………… 95
決算整理 ………………………… 86
減価償却 ………………………… 91
現金 ……………………………… 37
　　──過不足 …………………… 37
　　──出納帳 ………………… 121
合計残高試算表 ………………… 30
合計試算表 ……………………… 29
合計転記 ……………………… 128
小口現金 ………………………… 44
　　──出納帳 ………………… 122
固定資産 ………………………… 65
　　──税 ………………………… 80
5 伝票制 ……………………… 132
個別転記 ……………………… 128

【サ】

財産法 …………………………… 10

再振替仕訳·······················96
差入保証金·····················63
差額補充法·····················90
先入先出法····················126
指図人··························70
雑益····························39
雑損····························38
残存価額·······················91
残高····························30
　　　——試算表···············29
3伝票制·······················128
3分法··························47
仕入····························47
　　　——先元帳···············124
　　　——諸掛··················48
　　　——帳···················122
　　　——伝票·················132
　　　——値引··················49
　　　——戻し··················49
資産····························5
試算表··························28
仕丁欄·························120
支払手形記入帳················124
資本····························6
　　　——金····················79
　　　——的支出················66
収益····························8
修繕費··························66
住民税··························81
出金伝票······················128
取得原価·······················91
主要簿························119
純資産·························6
償却債権取立益·················89
商業手形·······················74

消費税··························82
商品有高帳····················126
消耗品··························99
　　　——費····················99
諸口····························27
仕訳····························25
　　　——集計表···············131
　　　——帳···················119
人名勘定······················124
精算表························102
総勘定元帳·····················27
租税公課·······················80
損益勘定······················112
損益計算書··················7, 116
　　　——等式··················9
損益法··························10

【タ】

貸借対照表··················5, 116
　　　——等式··················6
貸借平均の原則·················29
耐用年数·······················91
大陸式························109
立替金··························60
棚卸表························100
直接法··························92
貯蔵品··························99
通貨代用証券···················37
定額資金前渡制·················44
定額法··························91
手形貸付金·····················74
手形借入金·····················74
転記····························27
電子債権記録機関···············75
伝票··························128

当期純損失……………………………9
当期純利益……………………………9
当座借越………………………………41
当座預金………………………………39
　　──出納帳……………………121
得意先元帳…………………………124
取引要素の結合関係………………16

【ナ】

名宛人…………………………69，71
入金伝票……………………………128

【ハ】

売買目的有価証券…………………52
8桁精算表…………………………105
発送費…………………………………48
引き受け………………………………71
費用……………………………………8
評価勘定……………………89，92
複式簿記………………………………2
負債……………………………………5
振替伝票……………………………129
振出人…………………………69，70
分記法…………………………………46
法人税，住民税及び事業税………81
簿記……………………………………1
　　──上の取引……………………13
補助記入帳…………………119，121

補助簿………………………………119
補助元帳…………………119，124

【マ】

前受金…………………………………59
前受収益………………………………98
前払金…………………………………59
前払費用………………………………97
見越し…………………………………95
未収収益………………………………96
未収入金………………………………57
未払金…………………………………58
未払費用………………………………95
元帳……………………………………27
元丁欄………………………………120

【ヤ】

約束手形………………………………69
有価証券………………………………52
　　──の評価替え…………………94
有形固定資産…………………………65

【ラ】

6桁精算表…………………………102

【ワ】

割引……………………………………72

《著者紹介》

中村彰良（なかむら・あきよし）

高崎経済大学教授。

1985年　早稲田大学社会科学部卒業。

1992年　早稲田大学大学院商学研究科博士後期課程単位取得退学。
　　　　埼玉女子短期大学専任講師，高崎経済大学助教授を経て，

2004年より現職。

主要著書・論文

『管理会計論』創成社，2007年。

「経営管理者等の業績評価への無形資産価値情報の利用可能性」『会計』第
　　165巻第6号，森山書店，2004年。

（検印省略）

2013年1月20日　初版発行
2021年3月10日　改訂版発行　　　　　　　　　略称 — 基礎簿記

基 礎 簿 記 ［改訂版］

	著　者	中 村 彰 良
	発行者	塚 田 尚 寛

発行所　東京都文京区
　　　　春日2-13-1　　**株式会社　創 成 社**

電　話　03（3868）3867　　ＦＡＸ　03（5802）6802
出版部　03（3868）3857　　ＦＡＸ　03（5802）6801
http://www.books-sosei.com　振　替　00150-9-191261

定価はカバーに表示してあります。

©2013, 2021 Akiyoshi Nakamura　　　　組版：スリーエス　印刷・製本：鵬
ISBN978-4-7944-1562-2 C3034
Printed in Japan　　　　　　　　　　　落丁・乱丁本はお取り替えいたします。

―――――― 簿記・会計学選書 ――――――

基　礎　簿　記	中 村 彰 良	著	1,800 円
管　理　会　計　論	中 村 彰 良	著	2,200 円
複 式 簿 記 の 理 論 と 計 算	村田直樹・竹中 徹 森口毅彦	編著	3,600 円
複式簿記の理論と計算　問題集	村田直樹・竹中 徹 森口毅彦	編著	2,200 円
イ ン ト ロ ダ ク シ ョ ン 簿 記	大野・大塚・徳田 船越・本所・増子	著	2,200 円
ズバッと解決！　日商簿記検定３級商業 簿記テキスト―これで理解バッチリ―	田邉 正・矢島 正	著	1,500 円
厳選　簿記３級問題集〈徹底分析〉	くまたか　優	著	1,200 円
簿 記 の 基 礎 問 題 集	村 田 直 樹	編著	1,000 円
簿　記　原　理　入　門	金井繁雅・海老原諭	著	1,900 円
高度会計人のための初級簿記テキスト	菊谷・内野・井上 田中・三沢	著	1,800 円
企　業　簿　記　論	森 ・長吉・浅野 石川・蒋 ・関	著	3,000 円
新 簿 記 入 門 ゼ ミ ナ ー ル	山下壽文・日野修造 井上善文	著	1,900 円
会 計 入 門 ゼ ミ ナ ー ル	山 下 寿 文	編著	2,900 円
管 理 会 計 入 門 ゼ ミ ナ ー ル	高 梠 真 一	編著	2,000 円
監 査 入 門 ゼ ミ ナ ー ル	長吉眞一・異島須賀子	著	2,200 円
新 し い 企 業 会 計 の 内 容 と 形 式	村 田 直 樹	著	1,500 円
企 業 会 計 の 歴 史 的 諸 相 ― 近代会計の萌芽から現代会計へ―	村 田 直 樹 春 日 部 光 紀	編著	2,300 円
明　解　簿　記　講　義	塩 原 一 郎	編著	2,400 円
入　門　商　業　簿　記	片 山　覚	監修	2,400 円
中　級　商　業　簿　記	片 山　覚	監修	2,200 円
入 門 ア カ ウ ン テ ィ ン グ	鎌 田 信 夫	編著	3,200 円
簿 記 シ ス テ ム 基 礎 論	倍　和 博	著	2,900 円
簿 記 シ ス テ ム 基 礎 演 習	倍　和 博	編著	1,500 円

（本体価格）

―――――― 創 成 社 ――――――